U0625587

丝路物语书系

主编 李炳武

高峡平湖的石室造像

炳灵寺石窟

本册主编 贺延军

西安出版社

图书在版编目（CIP）数据

高峡平湖的石室造像——炳灵寺石窟 / 李炳武主编
. — 西安：西安出版社，2019.11（2021.5重印）
ISBN 978-7-5541-4356-8

Ⅰ．①高… Ⅱ．①李… Ⅲ．①炳灵寺石窟－历史文物
－介绍 Ⅳ．①K879.26

中国版本图书馆CIP数据核字(2019)第267870号

丝路物语 书系

高峡平湖的石室造像

炳灵寺石窟

GAOXIAPINGHU DE SHISHIZAOXIANG
BINGLINGSI SHIKU

出 版 人：屈炳耀
主　　编：李炳武
本册主编：贺延军
策划编辑：李宗保　张正原
项目统筹：张正原
责任编辑：张正原
美术编辑：李南江
责任校对：张增兰
责任印制：尹　苗
出版发行：西安出版社
社　　址：西安市曲江新区
　　　　　雁南五路1868号影视演艺大厦11层
电　　话：（029）85253740
邮政编码：710061

印　　刷：永清县晔盛亚胶印有限公司
开　　本：787mm×1092mm　1/16
印　　张：15.75
字　　数：160千
版　　次：2019年11月第1版
印　　次：2021年5月第2次印刷
书　　号：ISBN 978-7-5541-4356-8
定　　价：78.00元

如有印刷、装订问题，本社负责另换。

编委会

出版人　屈炳耀

主　编　李炳武

学术顾问　郑欣淼

策划编辑　张正原

项目统筹　张正原

编委（以姓氏笔画为序）

丁福利　王庆卫　王赵民　王　梅　卢　冬　卢　辉
田　静　申秦雁　任新来　余红健　李　彤　李　勤
肖　琦　陈　波　陈　亮　何洪岩　张志攀　张晓梅
张希玲　庞雅妮　姜　捷　贺延军　常　虹　魏乾涛

本册主编　贺延军

撰　稿　赵雪芬　王玲秀　董婷婷

阅读文物 拥抱文明

郑欣淼

　　文物所折射出的恒久魅力，已为越来越多的人所认识。今天呈现在读者面前的这部"丝路物语"书系，就是这一魅力的具体体现。

　　"让收藏在博物馆里的文物、陈列在广阔大地上的遗产、书写在古籍里的文字都活起来。"（习近平语）党的十八大以来，习近平总书记担负着实现中华民族伟大复兴的历史重任，饱含着对传统文化的深厚感情，让文物活起来始终为其所关注、所思考。让文物活起来，就是深入挖掘文物的内涵，充分发挥文物的作用。中国文物是中华民族的文明印记和精神标识，是全体中国人乃至全人类的珍贵财富；它对于激发人民群众对中华优秀传统文化的了解、认同和热爱，坚定文化自信，汇聚发展力量等作用是不言而喻的。

　　近年来，一些优秀的文物类书籍、综艺节目、纪录片、文化创意产品等不断涌现，文化遗产元素成为国家外交的桥梁，文物逐渐成为"网红"并受到越来越多年轻人的青睐，这些都充分彰显着"让文物活起来"已逐渐从理念转化为行动，那些在历史长河中积淀下来的文物珍存正在不断走近百姓、融入时代、面向世界。

　　说到文物，不能不把眼光聚焦于丝绸之路。人类社会交往的渴望推动了世界文明间的相互交融和渗透，中华文明与亚、欧、非三大洲的古代文明很早就发生接触，相互影响，相互交流。直到 1877 年，德国地理学家李希霍芬在他的著作《中国——我的旅行成果》里首次提出了"丝绸之路"的概念。近半个世纪以来，随着丝绸之路考古发现和学术研究的不断深入，极大地开阔了人们的视野。特别是"一带一路"倡议的全面推进，丝绸之路研究更成为国际显学。在古代文明交流史上，丝绸之路无疑是极其璀璨的一笔。它承载着千年古史，编织着四方文明。也正因为丝绸之路无与伦比的历史积淀，形成了独特的历史文化遗产，其数量之大、等级之高、类型之丰富、序列之完整、影响之深远，都是世所公认的。神秘悠远的古代城址、波澜壮阔的长城关隘烽燧遗址、精美绝伦的艺术品、气势磅礴的帝王陵墓、灿若星辰的宫观寺庙、瑰丽壮美的石窟寺……数不清道不尽的文物珍宝，足以使任何参观者流连忘返，叹为观止。2014 年，"丝绸之路：长安—天山廊道的路网"成功跻身《世界文化遗产名录》，使丝绸之路迎来了新的历史机遇，也对广大文化文物工作者提出了新的要求。

　　"让文物说话，把历史智慧告诉人们。"这是习近平总书记的谆谆嘱托。中华文化优雅如斯，如何让文物说话，飞入寻常百姓家，是当下无数文化界人士亟待攻坚的课题，亦是他们光荣的使命。客观来讲，丝绸之路方面的论著硕果累累，但从一般读者角度，特别是从当下文化与旅游结合角度着眼的作品不多，十分需要一套全面系统地介绍丝绸之路文物故事的读物。令人欣喜的是，西安出版社组织策划了这套颇具规模的"丝路物语"书系，并由李炳武先生担任主编，弥补了这一缺憾。李炳武先生曾经长期在文物文化领域工作，也主持过"中华国宝·陕西珍贵文物集成""长安学丛书"和《陕西文物旅游博览》等大型文物类图书的编纂工作，得到了业界的充分肯定；加之丛书的作者都是有专业素养的学者，从而保证了书稿的质量。

如何驾驭丝绸之路这样一个纵贯远古到当今、横贯地中海到华夏大地的话题，对于所有编写者来说，都是具有挑战性的。这套书的优点或者说特点，可以概括为以下几个方面：

这套书最大的一个优点，就是大而全。从宏观的视野，用简明的线条，对陆上丝绸之路的博物馆、大遗址进行了全景式梳理，精心遴选主要文物，这些国宝的历史、艺术和科学价值在字里行间一一呈现。

丝绸之路文化遗产类型丰富，作者在文中并没有局限于文物本身的解读，还根据文物的特点做了大量的知识拓展，包括服饰的流变，宗教的传播，马匹的驯化，葡萄等水果的东传，纸张的发明和不断改进，医学的发展，乐器、绘画、雕刻、建筑、织物、陶瓷等视觉艺术的交互影响，等等。其中既有交往的结果，也有战争的推动。总体而言，这些内容是讲述丝绸之路时所不可或缺的内容，使读者透过文物认识了丝绸之路丰富的文化内涵。

值得称道的是，这套书采取探索与普及相结合的方式，图文并茂，力求避免学究气的艰涩笔调，加入故事性、趣味性，使文字更具可读性，达到雅俗共赏的目的。通过图书这一载体，能够使读者静静地品味和欣赏这些文物，传达出对历史的沉思和感悟，完善自己对文物、丝绸之路和文化的认知。读过这套书后，相信读者都会开卷有益，收获多多，文物在我们眼中也将会是另一番面貌。

我们有幸正处于坚持以人民为中心的改革发展伟大时代，每一件文物，都维系着民族的精神，让文物活起来，定会深入人心、蔚为大观。此次李炳武先生请我写序，初颇踌躇，披卷读来，犹如一场旅行，神游历史时空之浩渺无垠，遐思华夏文化之博大精深。兼善天下，感物化人历来是每一个中国知识分子的精神所属，若序言能为一部作品锦上添花，得而为普及民众的文物保护意识起到促进作用，何乐而不为？

是为序。

· 郑欣淼 · ···
原中国文化部副部长、故宫博物院原院长、中华诗词学会会长、著名历史文化学者。

丝路物语话沧桑

李炳武

　　2013 年 9 月，中国国家主席习近平访问哈萨克斯坦时，在纳扎尔巴耶夫大学发表演讲，首次提出共同构建"丝绸之路经济带"的宏伟倡议。2014 年 6 月，"丝绸之路：长安—天山廊道的路网"成功跻身《世界文化遗产名录》。

　　丝绸之路是世界上路线最长、影响最大的文化线路。丝绸之路是指起始于古代中国的政治、经济、文化中心——古都长安（今西安）连接亚洲、非洲和欧洲的古代陆上商业贸易路线。它跨越陇山山脉，穿过河西走廊，通过玉门关和阳关，抵达新疆，沿绿洲和帕米尔高原通过中亚、西亚和北非，最终抵达非洲和欧洲，向南延伸到印度次大陆。这条伟大的道路沟通了中国、印度、希腊三大文明，它是一条东方与西方之间经济、政治、文化进行交流的主要道路，促进了欧亚大陆不同国家、不同文明之间在商贸、宗教、文化以及民族等方面的交流与融合，为人类社会的共同发展和繁荣做出了卓越贡献。

　　公元前 138 年，使者张骞受汉武帝派遣从陇西出发，出使月氏。13 年中，他的足迹踏遍天山南北和中亚、西亚各地。在随后的 2000 多年间，无数商贾、旅人沿着张骞的足迹，穿越驼铃叮当的沙漠、炊烟袅袅的草原、飞沙走石的戈壁，来往于各国之间，带来了印度、阿拉伯、波斯和欧洲的玻璃、红酒、马匹，宗教、科技和艺术，带走了中国的丝绸、漆器、瓷器和四大发明，举世闻名的丝绸之路渐渐形成。

用"丝绸之路"来形容古代中国与西方的文明交流，最早出自德国著名地理学家李希霍芬 1877 年所著的《中国——我的旅行成果》一书。由于这个命名贴切写实而又富有诗意，很快得到学术界的认可，并风靡世界。

近年来，丝绸之路迎来了新的历史机遇，沿丝绸之路寻访探秘的人络绎不绝。发展丝路经济，研究丝路文明，观赏丝路文物成了新时代的社会热潮。中央文化产业发展专项资金资助项目"丝路物语"书系便应运而生。在本书和读者见面之际，作为长安学研究者、"丝路物语"书系的主编，就该书的选题范围、研究对象、编写特色及意义赘述于下：

"丝路物语"书系，以"丝绸之路：长安—天山廊道的路网"遗产及相关博物馆为选题范围。该遗产项目的线路跨度近 5000 千米，沿线包括了中心城镇遗迹、商贸城市、聚落遗迹、交通遗迹、宗教遗迹和关联遗迹五类代表性遗迹以及沿途丰富的特色地理环境。共计包括三个国家的 33 处遗产点，其中吉尔吉斯斯坦境内 3 处，哈萨克斯坦境内 8 处，中国境内 22 处。属丝绸之路东段的重要组成部分，在丝绸之路交通与交流体系中具有独特的起始地位和突出的代表性。它形成于公元前 2 世纪，兴盛于公元 6 至 14 世纪，沿用至 16 世纪，连接了东亚和中亚大陆上的中原地区、河西走廊、天山南北与七河地区四个地理区域，分布于今中华人民共和国、哈萨克斯坦共和国和吉尔吉斯斯坦共和国境内。沿线遗迹或壮观巍峨，或鬼斧神工，或华丽精美，见证了欧亚大陆在公元前 2 世纪至公元 16 世纪之间人类文明进步的重要阶段，以及在这段时间内多元文化并存的鲜明特色。

"丝路物语"书系，每册聚焦古丝绸之路上的一座博物馆、一处古遗址或一座石窟寺，力求立体全面地展示丝绸之路上的历史遗存、人文故事和风土人情。这是一套丝绸之路旅游观光的文化指南，从中可观赏到汉代桑蚕基地的鎏金铜蚕，饱览敦煌石窟飞天的婀娜多姿，聆听丝路古道上的声声驼铃。古丝绸之路是人类文明的宝贵遗产，记录着社会的沧桑巨变，这也是一部启封丝路文明的记忆之书。

"丝路物语"书系，以阐释文物为重点。文物是中华民族的精神标识。"要让收藏在博物馆里的文物、陈列在广阔大地上的遗产、书写在古籍里的文字都活起来。"这对于激发人民群众对中华优秀传统文化的了解、认同和热爱，坚定文化自信，汇聚发展力量不可小觑。

文物是不可再生的国之珍宝，从中可折射出人类文明的恒久魅力。对文化的认同感与归属感应当成为一种生活状态。我们从梳理丝绸之路沿线博物馆馆藏文物、石窟寺或大遗址为契机，从文化的立场阐释文物的历史意义，每篇文章涵盖了文物信息的描述、历史背景的介绍、文物价值的分享和知识链接等板块，在聚焦视角上兼顾学术作品的思想层与通俗作品的故事层双重属性，清晰地再现文物从物质性到精神性的深层转变，着力探讨文物作为一种精神力量对历史的思考。用时空线索描绘丝绸之路的卓越风华，为读者梳理丝绸之路的文化影响，以文物揭示历史规律，彰显更深层、更本质的文化自信，激发读者的民族自豪感。"丝路物语"书系以文物为研究对象，从中甄选国宝菁华，讲述它们的前世今生。试图让读者从中感受始皇地下军团的烈烈秦风，惊叹西汉马踏匈奴的雄浑奔放，仰慕大唐《阙楼仪仗图》的盛世恢宏，这是一部积淀文化自信的启智之作。

"丝路物语"书系，以互动可读为特色。在大众传媒多元数字化的背景下，综合运用现代科技的引进更能推动文化传播的演变进入一个崭新的领域，相契于文字的解读，更透出传统文化的深邃意蕴。为多维度营造文化解读的可能性，吸引更多公众喜欢文物、阅读文物，"丝路物语"可谓设计精良，处处体现出反复构思、创新的态度。设计重点关注视觉交流的层面，借助丰富的图像资料和多媒体技术大幅强化传统文化元素可视、可听、可观的直接特征，有效提升文化遗产多维度的观感效果。古人著书立说重字画兼备，"宣物莫大于言，存形莫善于画"，所以由"图书"一词合称。本书系选用了大量专业文物图片，整体、局部、多角度展示，让读者在阅读文字之余通过精美的图片感受文化的震撼与感动，让读者更好地认知历史、感知经典，体验当代创新之趣。

"丝路物语"书系，以弘扬互利共赢的丝路精神为使命。"丝绸之路：长安—天山廊道的路网"在东亚古老的华夏文明中心和中亚历史悠久的区域性文明中心之间建立起长距离的交通联系，在游牧与定居、东亚与中亚等文明交流中具有重要意义，并见证了古代亚欧大陆人类文明与文化发展的主要脉络及若干重要历史阶段以及突出的多元文化特征，是人类进行长距离交通、商贸、文化、宗教、技术以及民族等方面长期交流与融合的文化线路杰出范例。

2000 多年前，我们的先辈筚路蓝缕，穿越草原沙漠，开辟出联通亚欧非的陆上丝绸之路。这不仅是一条通商易货之道，更是一条文化交流之路。沿着古丝绸之路，中国将丝绸、瓷器、漆器、铁器传到西方，也为中国带来了胡椒、亚麻、香料、葡萄、石榴。沿着古丝绸之路，佛教、伊斯兰教及阿拉伯的天文、历法、医药传入中国，中国的四大发明、养蚕技术也由此传向世界。更为重要的是，商品和文化交流带来了观念创新。比如，佛教源自印度，却在中国发扬光大，在东南亚得到传承。儒家文化起源于中国，却受到欧洲莱布尼茨、伏尔泰等思想家的推崇。这是交流的魅力，互鉴的成果。这些各国不同的异质文化，犹如新鲜血液注入华夏文化肌体，使脉搏跳动更为雄健有力。古丝绸之路绵亘万里，延续千年，积淀了以和平合作、开放包容、互学互鉴、互利共赢为核心的丝路精神。

新时代、新丝路、新长安。2017 年，习近平主席在"'一带一路'国际合作高峰论坛"上指出：古丝绸之路是人类文明的宝贵遗产。为让这些遗产、文物鲜活起来，西安出版社策划出版的"丝路物语"书系，承载着别样的期许与厚望，旨在以丝绸之路的隽永品格对话当代社会的文化建构，以高度的文化自觉唤醒当代社会的文化自信。

我们作为丝绸之路起点长安的文化工作者，更应该饱含对传统文化的深厚感情，自觉担负起实现中华民族伟大复兴的历史重任，充分运用长安学的最新研究成果，为保护、研究和传承人类文明的宝贵遗产尽心尽力，助推"一带一路"伟大事业的蓬勃发展。

精品力作是出版社的立身之本，亦是文化工作者的社会担当。"丝路物语"书系的出版，凝聚着众多写作和编辑人员的思考与汗水。借此，特别感谢郑欣淼部长的热情赐序；感谢策划人、西安出版社社长屈炳耀先生的睿智选题与热情相邀；感谢相关遗址、博物馆领导的支持和富有专业素养的学者和摄影人员的精心创作；更要感谢西安出版社副总编辑李宗保和编辑张正原认真负责、卓有成效的工作。

"丝路物语"书系的出版虽为刍荛之议、管窥之见，但西安出版社聆听时代声音、承担时代使命以及致力于激活文化遗产、传播中国声音的决心定将引领其走向更远的未来。

是为序。

· 李炳武 ·
陕西省文物局原副局长、陕西省文史馆原馆长、"长安学"创始人、陕西师范大学国际长安学研究院首任院长、三秦文化研究会会长、长安学研究中心主任、著名历史文化学者。

唐·菩薩像

目录

丝路物语

炳灵寺石窟

奔腾的黄河把大地幻化成了一幅幅动人的美丽画卷。鬼斧神工的黄河石林巍峨雄奇、重峦叠嶂。一望无垠的高峡平湖波光潋滟、光彩夺目。临水而建的炳灵寺石窟以概括简练、造型生动的雕塑艺术享誉中外，其创作风格在承袭本民族传统艺术的基础上，以兼收并蓄、海纳百川的胸襟，碰撞多种文化，沉淀历史精华，是闪耀在黄河之滨的文化瑰宝。

炳灵寺石窟

高峡平湖的十万佛洲

炳灵寺处在当时丝绸之路陆路、水路交通节点的位置，便捷的交通促进了佛教在炳灵寺传播、发展，形成了多元化的石窟艺术。

炳灵寺石窟历史悠久，自古以来，这里是羌、氐、西戎、吐谷浑等少数民族的聚居地，文化积淀深厚，类型丰富。《水经注》记载："河峡崖旁，有二窟，一曰唐述窟，高四十丈，西二里有时亮窟，高百丈，深三十丈，藏古书五笥。"炳灵寺石窟初称"唐述窟"，本地羌人称这些出没洞窟修行的人为"唐述"，即鬼神的意思，故小积石山被称为"唐述山"，大寺沟被称为"唐述谷"。

晋代，炳灵寺已经是宗教活动场所，据史书记载，黄河岸边上立有石门，上面镌刻"晋太始年之所立也"。公元 385 年，陇西鲜卑乞伏氏建立了西秦政权，先后经乞伏国仁、乞伏乾归、乞伏炽盘、乞伏暮末四主，统

炳灵寺石窟全景

1963 年拍摄的炳灵寺石窟全景

1963 年调查照片

领秦州、河州二州长达47年。乞伏氏统治者笃信佛教，迎请中西名僧在西秦国内弘扬佛法，如西域译师圣坚，印度禅师昙摩毗，内地高僧玄高、玄绍等，他们是活动在两大佛教中心凉州、长安的名僧，他们在西秦翻译佛经、传经布道，促进西秦佛教迅速发展。公元412年，乞伏炽盘迁都枹罕（今甘肃临夏回族自治州），此时西秦国力达到鼎盛，其疆域"西逾浩门（今青海乐都），东抵陇坻（陇山），北距河，南略吐谷浑"。这个位置，正好处于当时丝绸之路的交通枢纽。炳灵寺石窟也是唐蕃古道的必经之地，大夏河、洮河从炳灵寺附近汇入黄河，黄河上游的重要渡口——凤林渡、临津渡，距离炳灵寺很近。炳灵寺处在当时丝绸之路陆路、水路交

炳灵寺石窟山门

炳灵寺石窟遗存编号图

通节点的位置，便捷的交通促进了佛教在炳灵寺传播、发展，形成了多元化的石窟艺术。

炳灵寺石窟距离西秦都城枹罕仅 35 公里，受西秦佛教的影响，炳灵寺石窟拉开了造像大幕，并逐渐发展壮大，成为西秦国内最有影响力的佛教活动场所。公元 439 年，鲜卑拓跋氏统一中国北方，枹罕纳入北魏版图。

图例

石窟遗迹

北魏统一后民族融合，经济复苏，文化繁荣，佛教蓬勃发展，先后形成了云冈和龙门两大佛教活动中心，并迅速向周边地区传播。宣武帝元恪时期(483—515)，佛教再度兴起，天然洞穴已经不能满足信众们礼佛的需要，出现了人工开凿的大型洞窟，活动范围向大寺沟外的黄河沿岸扩展。北周、隋代佛教在炳灵寺持续发展。唐代政治、经济、文化空前繁荣，佛教在炳灵寺发展达到鼎盛，这一时期开凿洞窟的数量最多，占总数的 2/3 以上，中唐时期炳灵寺下寺石窟群规模已基本形成。唐宝应二年（762），吐蕃军的铁骑踏过凤林桥，河州（今甘肃临夏）被吐蕃占领，石窟名称改为"炳灵寺"，是藏语音译，即"十万弥勒佛洲"之意。宋代，炳灵寺成了宋、唃厮啰、西夏等民族政权争夺的军事战场，僧众逃散，宫殿渐坏，佛教开始衰败。

元统一中国后，西藏正式纳入中央版图，炳灵寺毗邻西藏地区，藏传佛教萨迦派八思巴被奉为国师，掌管全国佛教事务，在统治者的支持下，藏传佛教风靡全国。藏传佛教传入炳灵寺后，在炳灵寺进行了一系列改造活动，汉僧改为蕃僧，重绘前代洞窟壁画，建造藏式建筑，确立活佛转世系统等等。清代，炳灵寺佛教活动范围继续向外扩张，势力范围延续到禅堂、洞沟、上寺等地。康乾时期，佛教空前繁荣，佛殿经堂、昂欠僧舍，鳞次栉比，僧人数以千计，出现了"炳灵寺

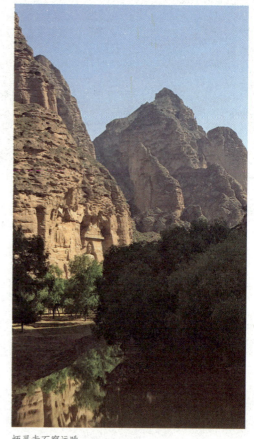

炳灵寺石窟远眺

1963 年调查照片

每遇孟夏季冬八日，远近来游及远方番族男妇不可以数计"的繁荣景象。
清同治年间，民族矛盾激烈，炳灵寺的栈道楼阁、佛殿经堂毁于战火，从
此，炳灵寺佛教日渐萧条。

　　1951 年秋，甘肃省委副书记孙作宾陪同西北人民图书馆冯国瑞先生
对炳灵寺石窟作了初步考察。冯国瑞先生的《炳灵寺石窟勘察记》被《光
明日报》转载后引起了社会各界的广泛关注。1952 年，中央人民政府文
化部和西北军政委员会文化部组织"炳灵寺石窟勘查团"，对石窟进行了
全面、深入的勘察，对能够到达的洞窟进行了摄影、临摹、测绘、考古调
查、石窟编号等工作。1955 年 5 月，"永靖炳灵寺文物保管所"成立，
开始对石窟进行有计划的保护管理。

小积石山
炳灵寺石窟的赋存环境

石窟、奇峰、黄河，交相辉映，相得益彰，石窟因山水而神奇，山水因石窟而更具魅力，构成了独具特色的石窟丹霞景观。

　　小积石山为祁连山东段余脉，群峰如聚，地质结构为白垩纪河湖相沉积红砂岩，裸露在外的岩体在大自然的作用下，雕凿成了层峦叠嶂、沟壑纵横的丹霞地貌。炳灵寺石窟坐落在黄河之畔的小积石山中，历代文人墨客对炳灵寺石窟的人文景观及自然景观赞不绝口，留下了许多脍炙人口的诗词佳作，其中以北魏郦道元的《水经注》、唐代道世的《法苑珠林》、张鹭的《游仙窟》、明代谢晋的《冰灵寺》最为著名。

　　北魏郦道元在他的《水经注·河水》卷二中记载："河北有层山，山甚灵秀。山峰之上，立石数百丈，亭亭桀竖，竞势争高，远望参参，若攒图之托霄上。其下层岩峭壁，举岸无阶。悬崖之中，多石室焉。室中若有

小积石山丹霞地貌

大寺沟口

五指峰擎天柱

积卷矣。而世士罕有津逮者。因谓之积书岩。岩堂之内，每时见神人往还矣。盖鸿衣羽裳之士炼精饵食之夫耳。俗人不悟其仙者，乃谓之神鬼。彼羌目鬼曰唐述，复因名之为唐述山。指其堂密之居，谓之唐述窟。其怀道宗玄之士、皮冠净发之徒、亦往旗棲焉。"书中交代了炳灵寺石窟的自然风貌和宗教活动情况，作者以简练的笔触勾勒出了一幅优美的炳灵山水画卷，这是现存最早记载炳灵寺石窟的著作。唐代道世的《法苑珠林》记载："晋初河州唐述谷，在今河州西北五十里，度凤林津，登长夷岭，南望名积石山，即禹贡导河之极地也。众峰竞出，各有异势，或如宝塔，或如层楼，松柏映岩，丹青饰岫。自非造化神功，何因绮丽若此。南行二十里，得其谷焉。凿山构室，接

万笏朝天

五僧迎舟

姊妹峰

唐僧训虎

双门沟擎天柱

梁通水。绕寺华果蔬菜充满。今有僧住，有石门滨于河上，镌石文曰：'晋泰始年（265—274）之所立也。'"字里行间充满了溢美之词，炳灵寺美景令人叹为观止。唐代小说《游仙窟》中描述："（炳灵寺）深谷带地，凿穿崖岸之形。高岭横天，刀削岗峦之势。烟霞子细，泉石分明。实天上之灵奇，乃人间之妙绝。目所不见，耳所不闻。"赞美之词，溢于言表。山不在高，有仙则灵。石窟、奇峰、黄河，交相辉映，相得益彰，石窟因山水而神奇，山水因石窟而更具魅力，构成了独具特色的石窟丹霞景观。

红砂岩石质坚硬，易于雕刻，略泛红色的砂岩更能激发能工巧匠的创作灵感，他们用智慧把冷峻的山石变成了丰富多彩的精神世界。

晨雾中的小积石山

建弘题记

中国现存最早的石窟纪年

建弘题记的发现不仅为窟内造像和壁画的形成年代提供了确凿的时间依据，也是中国佛教石窟寺中迄今发现最早的纪年题记，为我国石窟的分期断代起到了标尺作用，在很大程度上促进了学术界对中国早期佛教相关问题的重新审视与研究。

1963 年，甘肃省文化局文物工作队冒险登临当时距地面约 60 米高处的第 169 窟，在窟内北壁发现了落款为"建弘元年岁在玄枵三月廿四日造"的一方墨书造像题记和其他大量西秦时期的佛教造像与壁画。题记西侧为西方三圣造像、十方佛等壁画，下方绘数身供养僧俗的画像。由此得知窟内有明确纪年的造像时间为西秦建弘元年（420）。该题记的发现，更正了当时学术界一致认为"中国最早的石窟为开创于北魏时期的云冈石窟，河西诸石窟不会早于北魏"的论断，从佛教史和文化史两个方面印证了西秦、后秦、北凉佛教对北魏佛教积极吸收、改造作用的影响，将中国早期石窟的开创时间向前推进了一百年。其不仅为窟内造像和壁画的形成年代

建弘题记

西秦建弘元年（420）
第169窟第6龛墨书题记
题记高0.47米，宽0.87米

1963 年调查照片

提供了确凿的时间依据，也是中国佛教石窟寺中迄今发现最早的纪年题记，从而为我国早期石窟的分期断代起到了标尺作用，在很大程度上促进了学术界对中国早期佛教与相关问题的重新审视与研究。

建弘题记共21行，每行约24字，在崖壁上先以草泥敷平，上施白粉，再挥毫落墨而成。内容自右至左录为：

□……□□□□□□□□□/□□□□□□□□□□□□□言□□□□□□□以□/□□□出□□□□□□□□□流□□□无/□记□□□□□□□□□□□□□□□胡/□□□□□□□□□□□□□以□□□□□□□□以/择□□□□□□□□指未中□□□□□□□日歌/□不□□之在亡第拜作□□也化之像□□□□神/舟□乃□□□鸾跟坦步□闲□□□□□□□□□□/□子□□□□语嘿歔当以其□化□世□在□□□也则灭/□□□□□□也则神晖□炽世□□□□□□以无/之亩□之以有适□□之□□也□□□□□□□寂/□五情台郎者遂信□□□□起像□□□□□情起悟/□□衿道味遂请妙匠容兹尊像神姿琦茂□□□□衣二/□萨量作慈氏庶欲□□□以缘四生□洪□以□□同/□□趣枋三□□至极□□主□□木来早愿□窒皈□□□/□□诣齐真境以□缘适奉□不胜咏叹□□詠□□/□全穹再灵燹闵缘像即灵舒光/逸□枢察□□□铭□/理与妙来迹随化住□寄理迹变起众涂□□□盲入莫混无/慈容世范停荫道枢唯钦唯尚亩□灵符美苑情豪亩□□□/庶弘四弘圆机化机乃妙斑匠神仪重

025

晖舍兹□□圣景熟迫 / 建弘元年岁在玄枵三月廿四日造

从上文中"遂请妙匠容兹尊像神姿琦茂""庶弘四弘圆机化机乃妙斑匠神仪重晖舍兹□□圣景熟迫"来看，好像是经过某个事端或缘由，请来能绘善塑的工匠，在窟内进行塑绘创作。"神仪重晖"一词，又似乎说明经过摹绘銮饰，使原有的造像重新展现神仪。研究人员后来考古发现，6 龛内主尊无量寿佛的佛座，明显覆压了胁侍观世音菩萨的左脚和大势至菩萨的右脚，佛的位置也偏西，不在正中。同时发现，大势至菩萨头顶有一个空洞，洞内露出被火烧过的木骨，而从外面却看不到火烧的痕迹。由此认为两身菩萨修建于建弘元年之前，大势至菩萨在火烧后又进行了补塑，至建弘元年时，又重塑了主尊佛，妆銮彩绘了周围的壁画。建弘题记中所描述的"神仪重晖"，即指重塑主尊佛一事，题记下方的僧俗供养人即是当时参与创建的部分人员。因此，建弘题记是对第 169 窟 6 龛西方三圣的第二次重塑记载（该观点引自王亨通、邓天珍《炳灵寺石窟研究的过去、现状及未来》），窟内最早的营建活动应该更早于建弘元年，有学者提出早至晋代的观点。

西秦为少数民族乞伏氏于公元 385 年建立的小国，初建都苑川（今甘肃榆中）。公元 412 年，乞伏炽磐即位后迁都枹罕（今甘肃临夏），一边与周边各政权争伐夺势，一边在其境内大弘佛教。距枹罕只有数十公里的炳灵寺（北魏以前称为唐述窟）遂成为西秦境内的佛教中心。元熙二年（419），乞伏炽磐立次子乞伏暮末为太子，兼领抚军大将军、都督中外诸军事，大赦境内，改年号为建弘。很有可能因附会迁都和立太子之事，而在炳灵寺广弘佛事，重塑描摹，使得"神仪重晖"，为西秦的政治活动宣传造势。

建弘题记所反映的佛教史和文化史等方面的价值，具有划时代的历史价值，它的发现是 20 世纪中国考古的一项重大事件。

第169窟

中国早期石窟的代表

第169窟是炳灵寺石窟中位置最险要、开凿时间最早、内容最丰富的洞窟。风格融印度犍陀罗和秣菟罗、西域、河西、中原、南朝艺术于一体，呈现出中西艺术初步结合的面貌特征。

第169窟俗称"天桥南洞"，距地面约40米，是一个漏斗形天然溶蚀洞，经人工稍加修整后设龛造像。该窟是炳灵寺石窟中位置最险要、开凿时间最早、内容最丰富的洞窟。现有造像76尊，壁画100平方米，其中西方三圣、释迦苦修像，以及维摩诘示疾、释迦多宝并坐、梵天劝请等是中国现存最早的佛教艺术题材，风格融印度犍陀罗和秣菟罗、西域、河西、中原、南朝艺术于一体，呈现出中西艺术初步结合的面貌特征。

公元385年，陇西鲜卑首领乞伏国仁自称大单于，建立西秦政权，世居苑川（今甘肃榆中），国仁笃信佛教，请高僧圣坚来西秦翻译佛经，弘扬佛法。公元412年乞伏炽磐迁都枹罕（今临夏县），西秦永康七年（418），

第 169 窟内景

西秦（385—431）

窟高15.00米，宽26.75米，深19.00米

西秦国力达到鼎盛，其疆域"西逾浩门（青海乐都），东抵陇坻（陇山），北距河，南略吐谷浑"，这个位置，正好占据了当时丝绸之路起始段交通的重要位置，利于中西佛教文化艺术在西秦的传播、发展。乞伏炽磐崇佛有加，迎请印度禅师昙摩毗来西秦弘扬佛法，麦积山禅师玄高、内地高僧昙弘慕名而来，从毗授法。炳灵寺石窟距离都城枹罕仅30公里，丹崖奇峰、洞穴天成、自然环境优美，在西秦佛教活动影响下，拉开了炳灵寺开窟造像的序幕，第169窟就是这时期营建而成的。

第169窟是中国早期石窟的典范，窟内造像深受印度犍陀罗、秣菟罗及新疆龟兹、河西凉州石窟艺术的影响，呈现出浓郁的异域风格。

犍陀罗是古印度十六国之一，在今巴基斯坦白沙瓦一带，是中亚商贸和佛教中心。公元前336年马其顿国王亚历山大东征，先后占领中亚、南亚次大陆，印度沦为马其顿的附属国。随东征而来的希腊古典文化，与中亚、南亚次大陆文化融合，以希腊、罗马式装饰手法表现中亚和印度次大陆地区的题材，造就出犍陀罗艺术。犍陀罗佛像面容椭圆，眼眸深邃，鼻梁高挺，头发呈波浪状，身披圆领或袒露右肩大衣，衣纹呈"U"形，褶痕密集、凸起，具有希腊人特征。佛像多为单尊像，神情静穆庄严，具有一种超凡脱俗的神圣美感。

公元1世纪前后，大乘佛教兴起，印度雕刻、绘画、建筑等艺术活动也兴起，打破了以往小乘时代不敢塑造佛像的观念，造像供养渐成风气。至2世纪中叶，犍陀罗佛像制作已经成熟。3世纪后，犍陀罗艺术开始向

东晋和十六国形势

贵霜王朝统治属地阿富汗巴米扬地区发展，后来越过帕米尔高原进入中土，在中土扎根、开花、结果，并对中国的绘画、雕塑艺术产生深远影响，如丝绸之路沿线的新疆龟兹石窟、河西石窟、炳灵寺等早期石窟的造像都具有浓郁的犍陀罗艺术风格。

阿富汗巴米扬大佛（3—5世纪）

第169窟第18龛十方诸佛观法造像

在佛教向中国传播的过程中，获得了中国统治阶层的鼎力支持，为佛教在中国落地生根提供了肥沃的土壤。十六国时期（304—439），北方少数民族鲜卑、匈奴、羯、氐、羌等陆续建立了民族政权，这些统治者笃信佛教、提倡佛教，其中北凉、西秦、前秦、后秦、后赵国佛教最为盛行。河西北凉王沮渠蒙逊（368—433）统治时期，佛教达到鼎盛，蒙逊为母造丈六佛像，在武威天梯山开窟造像。

炳灵寺石窟位于凉州和长安两大佛教中心之间，又是丝绸之路从长安进入河西走廊南道的必经之地，东来西往的高僧、商贾不绝于道，随之而来的中西文化、艺术在此碰撞、交融，造就出了辉煌灿烂的炳灵寺石窟艺术。

第169窟第18龛位于窟内正壁上方，是该窟中最早雕刻佛像的区域，以4米高的立佛像为中心，周围错落分布11尊大小不等的坐佛像。立佛像高肉髻，身穿袒右肩袈裟，左手置于胸前，立于莲台上。佛像表面彩塑脱落，造型古拙，身躯雄健，佛像的立姿、袈裟样式与阿富汗巴米扬大佛非常相似，具有犍陀罗艺术风格。

　　第 9 龛三佛像造型与第 18 龛一致，佛有三匝背光，依次为火焰纹、联珠纹、绳纹，其中联珠纹式来自中亚的波斯，绳纹为我国古代陶器、玉器常用纹饰，佛背屏纹饰中西合璧，是中西艺术交融的直接见证。

秣菟罗立佛像（5世纪）

第 169 窟第 11 龛泥塑佛像（西秦）

第169窟第9龛三世佛观法造像（西秦）

秣菟罗（今印度秣菟罗市）也是古印度十六国之一，贵霜王朝时期（55—425）发展成为佛教中心，并形成了不同于犍陀罗的艺术风格。秣菟罗艺术源自印度本土传统文化，加之气候炎热，衣着单薄。造像圆脸大眼，肩膀宽大，袈裟透体，躯体突显，水波状的衣褶处理恰是它轻薄优雅的艺术显现。

第 169 窟第 7 龛佛像高肉
髻，面圆，大眼，联珠纹背光，
身躯魁梧，身着轻薄透体的
圆领袈裟，赤足立于莲台上。
佛像的姿态、服饰、衣纹走
向及衣袖边缘波浪状的样式，
与 5 世纪秣菟罗立佛像十分
相近，炳灵寺的秣菟罗样式
又对北魏造像产生影响。

第 169 窟壁画绘画技法
吸收中国传统线描与西域凹
凸法，色彩传承凉州地区以
石绿、土红为主的形式。绘
画用土红色线起稿，以墨线
定稿，笔法简练、线条粗犷。
菩萨像的眼、眉、鼻部用白
色晕染，强调明暗变化，让
脸部轮廓看起来更立体，展
现出中西艺术初步结合的面
貌特征。

第 169 窟第 7 龛立佛像（西秦）

第169窟第1龛菩萨像（西秦）　　　　　　第169窟第6龛中的弥勒菩萨（西秦）

壁画中的弥勒菩萨手持净瓶，帛带穿臂后自然伸展，身躯呈三折式，洒脱自然，帛带沿躯体轮廓的样式与龟兹地区菩萨装饰基本一致，呈现出了龟兹石窟的异域风格。

第10龛是第169窟现存最早的壁画之一，壁画呈叠压关系，下层的文殊菩萨像造型古拙，线描粗犷，与天梯山石窟供养菩萨像如出一辙，中国早期石窟的艺术风貌可窥一斑。

第 169 窟第 11 龛说法图壁画（右侧为供养菩萨）

　　第 6 龛下方的供养人榜题"清信女妾王之像"，女供养人云鬟高髻，身着汉式交领广宽袖袍服，双手合掌执莲花，裙钗摇曳，举止高雅，完全是汉族贵妇人的装扮。供养人帛带向身后飘动，形似顾恺之笔下的洛神。

　　炳灵寺石窟是丝绸之路从中原进入河西走廊地带的最早佛教石窟，窟内的造像、壁画，展现出佛教初传入汉地时中西艺术初步结合的面貌特征，绘画技法又受南朝艺术的影响，处处彰显着多种文化艺术交融贯通的艺术特色。

天梯山石窟供养菩萨像壁画

第169窟第6龛供养人像壁画

第169窟梵天形象

创造之神

炳灵寺第169窟第12龛中的梵天画面构图简洁，笔触粗犷，图像突出展现了佛前至诚跪请说法的梵天形象，画面主题明确，人物个性鲜明，是我国现存为数不多的梵天劝请图之一。

梵天劝请释迦说法是早期佛教题材之一，多出现在犍陀罗的佛教艺术中，在我国石窟中并不多见，但在炳灵寺第169窟第12龛中却有一幅主题非常鲜明的梵天劝请图。画面中释迦牟尼佛结跏趺坐在浮于水面的覆莲座上，身着敷搭右肩式袈裟，双手上举作说法状。身后绘火焰纹背项光，上方彩绘花树。佛两侧二胁侍菩萨头戴宝冠，长发披肩，双手向前作扶迎状，各自微侧身面向中间的释迦佛赤脚侍立。佛座前左侧一形似婆罗门外道的供养人，有火焰纹头光，黄发束起，高鼻深目，墨绘胡须，双手高举合掌，面朝佛祖跪于覆莲台上，神情姿态虔敬恭顺，为佛教诸天之一的大梵天。释迦佛及二菩萨上方和两侧的空间内绘数身坐佛、供养僧人、2身

梵天劝请图

西秦（385—431）
第169窟第12龛
图像高1.55米，宽1.30米

梵天

手捧果盘身躯呈"U"字形翱翔的飞天和一尊交脚菩萨等。

梵天劝请的情节散见于《长阿含经》《增一阿含经》《佛说普曜经》等各经文中。在犍陀罗的佛教美术中，出现的梵天形象常见为头发结髻，或卷发，或披于肩部，不戴冠，不佩戴装饰物，多双手合掌，或一手提水瓶等，形象类似于婆罗门。炳灵寺第169窟第12龛中的梵天完全符合早期常见的梵天图像特征。画面构图简洁，笔触粗犷，图像突出展现了佛前至诚跪请说法的梵天形象，画面主题明确，人物个性鲜明，是我国现存为数不多的梵天劝请图之一。

在绘画技法上，龛内图像以我国传统的线描法用墨线勾勒而成，但在佛、菩萨的双眉、鼻梁等肌肤裸露部分则用白色施以西域式的晕染，以光线的明暗变化来提高立体感的效果，反映出中西方绘画技巧在洞窟中相互交融结合的特征。

梵天的形象还可见于同窟第3龛内。第3龛位于第169窟北壁东侧上方靠近洞口的崖壁上，半圆形背屏式浅龛内木胎泥塑一佛二胁侍造像。

佛磨光高肉髻，面形方圆，眉间绘白毫。细眉大眼，鼻脊高直，上唇部墨绘胡须，结跏趺坐于高台基上，双手腹前禅定。身上所穿通肩大衣，在衣纹处理上仅在领口和左臂靠近腋窝处略作阴刻线条，具有笈多式萨尔那特艺术的风范。佛左侧为一金刚力士形象，头顶束发，下颌阴刻出数道呈放射状的胡须，耳戴圆形长耳铛。身穿紧袖高领对襟铠甲，有护胸，外着披风，下穿战裙，左手执剑，右手高举金刚杵，足部穿靴侍立。佛右侧

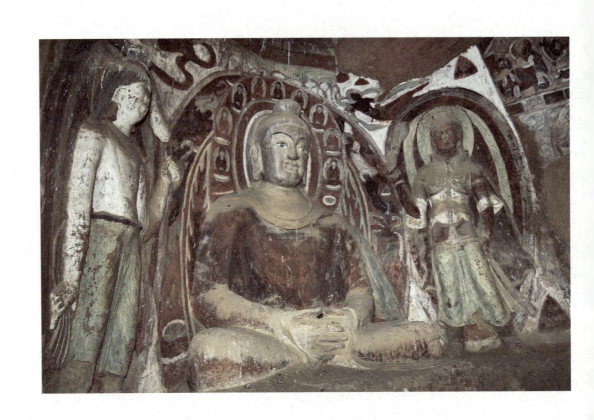

释迦牟尼佛与梵天等二胁侍像

西秦（385—431）
第169窟第3龛
龛高2.30米，宽2.30米，深0.65米

侍从形似一菩萨，头束扇形高发髻，额前发髻呈"人"字形分开两边，肩部长发披散，戴耳铛、项圈、璎珞，袒上身，下着长裙。飘带自身后绕肩从两侧垂下，左手上举执白拂，右手下垂握飘带。

早期资料中多著录此龛为一佛一金刚一菩萨的造像组合。目前最新的研究论述中又出现了此为释迦佛与梵天、帝释天的组合等学术观点。有学者认为佛右侧手执白拂的菩萨形侍从为梵天，左侧执金刚杵的侍从为帝释天或金刚力士或密迹金刚等。

在笈多时代的佛教美术中，白拂是主尊佛胁侍常用的持物，它最初被用来驱逐蚊虫或拂拭灰尘，晚期密教中演化为拂除烦恼之意。笈多式萨尔那特佛教美术作品中，就常见有手持拂尘出现的梵天形象。玄奘《大唐西域记》中载："昔如来起自胜林上升天宫，居善法堂为母说法。过三月已将欲下降，天帝释乃纵神力建立宝阶……如来起善法堂，从诸天众履中阶而下。大梵王执白拂履银阶而右侍，天帝释持宝盖蹈水精阶而左侍。"文中即描述了梵天王手持拂尘随侍于释迦右侧、帝释天持宝盖随侍于左侧的场景。

这种梵天手持白拂，与另一侍从侍立于释迦佛侧的造像组合还见于武威天梯山等河西早期石窟中，但后来随着佛教中菩萨信仰的流行，和梵天及帝释天身份地位的下降，逐渐在石窟创作中消失，被佛与二胁侍菩萨的组合形式所取代。第 3 龛中梵天以胁侍身份出现于佛侧的样式，展现了早期佛教的图像特征，彰显了丝绸之路上佛教信仰与佛教图像学的发展演进。

西方极乐世界

佛国净土

炳灵寺石窟从塑像到壁画，精彩纷呈，工匠通过各种艺术创作手段来为众生呈现美妙的西方极乐世界。

第 169 窟 6 龛为背屏式泥塑龛，龛内泥塑一佛二菩萨像，佛头光有 8 尊坐佛像，背光有 10 身伎乐天和 2 身化生童子像，榜题："无量寿佛""观世音菩萨""得大势至菩萨"。无量寿佛像磨光高肉髻，额部宽阔，有毫光，大眼睛，鼻梁高挺，有胡须，内着龟背纹僧祇支，外着袈裟，禅定印，结跏趺坐于莲座上，神情宁静慈祥，身躯魁伟健美。菩萨头系巾带，面含微笑，戴耳珰、项圈，斜披络腋，下着裙，立于莲台上。佛背屏后彩绘十方佛及弥勒菩萨像，均有榜题。

无量寿佛，是梵语"阿弥陀佛"的意译，梵文"阿"是"无"的意思，"弥陀"是"量"的意思，意为"无量佛"，即"寿命无量无边，光明无

西方三圣像

西秦（385-431）
第169窟6龛
无量寿佛像高1.55米，观音菩萨像高1.18米，大势至菩萨像高1.10米

量无边"，也称长寿佛。《无量寿经》为印度大乘佛教经典，与《阿弥陀经》《观无量寿经》合称"净土三经"。公元1—2世纪，印度贵霜王朝时期，无量寿信仰流行于犍陀罗地区。汉代，《无量寿经》传译入中国。汉桓之初（147），安息国高僧安世高来中夏（洛阳）游方传道，首译《无量寿经》2卷。随后，月氏国高僧支娄迦谶在洛阳译出《无量清净平等觉经》，随着《无量寿经》汉译本的不断出现，无量寿信仰开始在中原、江南地区兴起。魏晋南北朝时期，佛教在中原大地蓬勃发展，无量寿信仰逐渐蔓延开来。第169窟第6龛的佛像是我国现存最早的无量寿造像题材。

《无量寿经》记载西方极乐世界没有高山大海，没有地狱恶鬼，没有春夏秋冬交替，四季温暖，奇花异草、珍禽异兽应有尽有，讲堂精舍、宫殿楼观用七宝装饰，衣裳首饰极尽华丽，食物充足，快乐无限，无比美妙的极乐世界，获得了上至王室贵族、下至黎民百姓的普遍崇信。无量寿成为佛教神灵系统中信仰最为广泛的神祇之一，佛经中表述的极乐盛景成为后来诗歌、绘画、雕塑等艺术门类的重要题材。

第169窟第6龛依据《无量寿经》创作而成，《无量寿经》中的主尊及重要人物无量寿佛、观世音菩萨、大势至菩萨、莲花化生、兹氏（弥勒）菩萨、伎乐天、十方世界佛主等，以绘塑结合的形式一一呈现了出来。

第6龛的"西方三圣"像比例协调，仪态端庄，神情宁静，给人一种安静、祥和的美感。背光中的10身伎乐天，身姿灵动，乐舞辉映，给宁静的画面增添了几分动感。匠师以其娴熟的技艺，运用绘塑结合、动静结合的手法，营造出了一个美轮美奂、令人心动神往的西方极乐世界。

唐代西方净土宗盛行，河西莫高窟这一时期创作的西方净土变壁画有三百多幅，中原的龙门、响堂山、麦积山等石窟中，阿弥陀佛占有很大比例，阿弥陀信仰深入人心，民间有"家家阿弥陀，户户观世音"的说法。与此同时，炳灵寺也风行阿弥陀信仰。

唐永隆二年（681）的阿弥陀列龛就是这时期的典型代表。第54龛内石雕一佛二菩萨像，下面阴刻："大唐永隆二年／闰七月八日陇／右道巡察使行／殿中侍御史王／玄□敬造阿弥／陀佛一躯并二／菩萨"。阿弥陀佛磨光高肉髻，身着袈裟，结跏趺坐于金刚座上，右手抚膝，左手托钵于腹前。二胁侍菩萨高发髻，耳饰、项圈、臂钏、手镯庄严，身躯呈"S"形侍立于佛两侧。左侧菩萨左手执莲蕾，右手下垂握飘带；右侧菩萨右手执莲蕾，左手下垂提净瓶。

公元680年，唐高宗李治立英王李哲为皇太子时，改国号为"永隆"，该国号仅仅使用了两年。唐中央御史台察院巡察使，专司"分察百僚，巡按州县"的职务。公元681年，时任陇右道巡察使的王玄□巡察河州（今临夏）期间，来炳灵寺石窟礼佛，并出资修造阿弥陀佛及二菩萨像。

明代，藏传佛教传入后，西方净土信仰再度兴起，且经久不衰，第70窟南壁的西方净土变、第3窟西壁的观无量寿经变创作于这一时期。

第70窟南壁绘主尊一佛二菩萨像，佛像头顶华盖，高肉髻，有顶严，身着沥粉贴金田相袈裟，双手禅定印，结跏趺坐于莲座上。佛头部左右有

一佛二菩萨石雕

唐（618—907）
第54龛
龛高0.7米，宽0.7米，深0.15米

两棵枝叶茂盛的大树，树上有宝物。佛两侧侍立二菩萨像，菩萨头戴五叶花冠，高发髻，面圆，身着天衣，挂珠、臂钏庄严，下着长裙，右手下垂作愿印，左手置于胸前，赤足立于莲花上。菩萨外侧对称绘4排菩萨、弟子像，其中菩萨像30尊、弟子像18尊。画像从顶部向下逐渐增大，形成近大远小的透视效果。

南壁壁画四角绘汉式重檐楼阁式建筑，绿色琉璃瓦，飞檐高跷，周围有莲花化生、白鹤、树木等装点，阁内有一佛二菩萨像。顶部与底部楼阁之间有6幅莲花化生像，图幅大小相当，以连环画卷的形式纵向展开。莲花大如车盖，莲颈粗壮，佛坐于主茎莲花上，二菩萨或弟子坐于侧茎莲花上。

从壁画的布局及内容看，该壁画是一幅巨大的极乐世界图。《无量寿经》中描述：极乐世界弟子、菩萨无数，精舍、宫殿、宝树、宝池等均以七宝庄严，花卉树木充满整个国土，百味饮食随意而至，万种伎乐。其地河水清冷具八功德，清净香洁味如甘露，群生游乐随意往来，莲花化生百千诸佛。壁画所呈现的内容与佛经表述的完全吻合。壁画中无量寿佛结跏趺坐于中央，周围菩萨、弟子簇拥，这些菩萨、弟子象征着围绕无量寿佛听法的"无量菩萨及声闻"。佛身后的大树，象征着"高十六亿由旬的杂色宝树"。无量寿佛像前有八边形莲池、河流，象征着极乐世界的"七宝莲池、八功德水"。莲池中有两枝硕大的莲花脱颖而出，莲花升至佛两侧，观音与文殊立于莲花上。

极乐世界如此美妙，众生怎么能够到达彼国呢？佛经进一步指明了到达彼国的途径——化生。《无量寿经》中强调只要众生一心专念"无量寿"名号，临命终时，无量寿佛前来接引，即可从莲花化生西方佛国。壁画中的莲池和河流上漂浮着莲花，莲花上有头像、半身像、全身像，这些高低不同、错落有致、随波逐流的画像，是化生到极乐世界的众生。画像的大小象征着上、中、下三辈诸天人民，全身为上辈，半身为中辈，头部为下辈，画师用细腻的笔触和丰富的色彩，将佛经中晦涩难懂的"三辈"往生经生动地表现了出来，浅显易懂。

壁画四角的楼阁，代表东、西、南、北四方，化生佛前往四方为大众说法。楼阁之间的 8 幅化生图，就是化生到极乐佛国的"百千诸佛"。壁画构思巧妙，画面简洁明了。

炳灵寺石窟经变画数量不多，从西秦至明代，从汉传佛教到藏传佛教，从塑像到壁画，精彩纷呈，其中西方净土变画占有很大比重，工匠通过各种艺术创作手段来为众生呈现美妙的西方极乐世界。

第 70 窟南壁壁画

炳灵寺石窟飞天形象

霓裳曳广带 漂浮升天行

飞天是佛教艺术中最富表现力的形象之一。北魏、北周、隋、唐代洞窟中都有他们的靓影，他们挥舞着长长的巾带，凌空飞动，为肃穆的佛宫增添了几分活力。

飞天是佛教艺术中最富表现力的形象之一。西秦时期，飞天开始出现在炳灵寺，北魏、北周、隋、唐代洞窟中都有他们的靓影，在狭小的空间里舞出了各个时代的艺术风采。

飞天，源自印度神话，属佛教神灵系统，是专司娱乐和歌舞的乐神。佛教八部侍从：一天众、二龙众、三夜叉、四乾达婆、五阿修罗、六迦楼罗、七紧那罗、八摩睺罗伽，乾达婆和紧那罗就是飞天的母体。

乾达婆，梵名 Gandharva，"不啖酒肉唯香资阴"，因其周身散发着香气被称为香音神。紧那罗，梵名 Kimnara，有美妙音声能作歌舞被称为天乐神。唐慧琳《一切经音义》卷十一曰："（紧那罗）有微妙音响，能

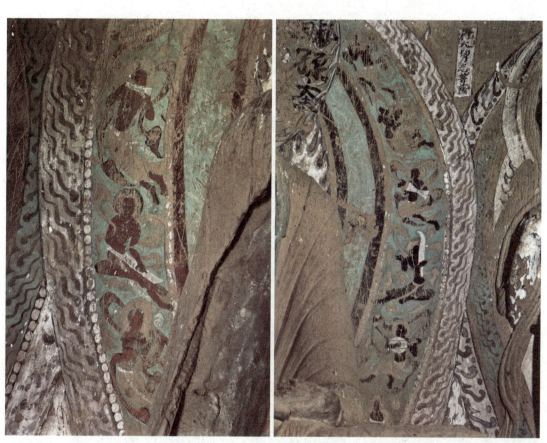

第 169 窟第 6 龛飞天壁画（西秦）

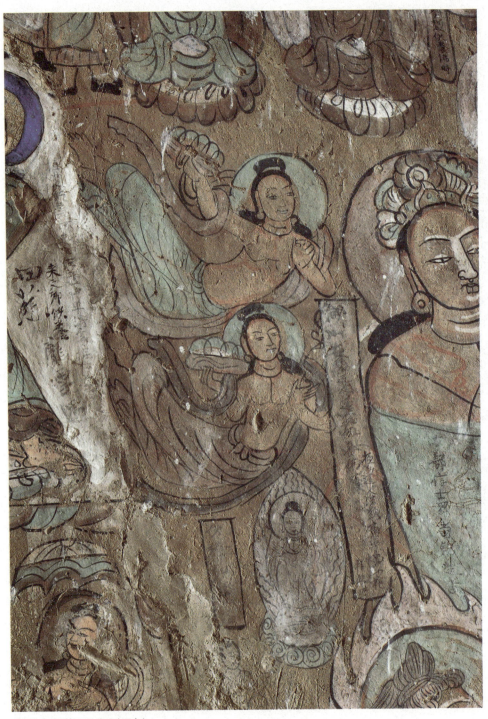

第 169 窟第 6 龛飞天壁画（西秦）

作歌舞……多与乾达婆为妻室也。" 乾达婆和紧那罗在印度很盛行，印度各大佛教遗迹中都有他们的身影，二者貌似鬼神，面目怪异，手中不持乐器，在佛教从印度向外传播的过程中，其形象发生了变化。佛教传入中国后，随着佛教艺术发展和民族审美情趣的需要，二乐神经历了中国化过程，从丑陋无比的鬼怪转身为风姿绰约、眉清目秀的美的化身。

西域、河西、中原等地佛教石窟中都有他们的身影，他们往往出现在佛活动的场面中，或散花，或礼佛，或奏乐，或歌舞，起护持助兴、渲染气氛的作用。传说乾达婆和紧那罗能歌善舞、形影相随、和睦相处。他们以歌舞、香花等供养诸佛菩萨，他们是佛国世界里会飞的有特殊职能的天人。后来，乾达婆和紧那罗合称飞天，即一切于天上表演伎乐、歌舞的天人。

炳灵寺第169窟飞天创作于西秦时期，分布在第3、6、7、11、12、13龛中，这些飞天有两种，一是于佛背光中载歌载舞的伎乐天，一是于佛说法处散花礼佛的飞天，他们挥舞着长长的巾带，凌空飞动，为肃穆的佛宫增添了几分活力。

第6龛佛背光彩绘10身伎乐天，左右对称，其中2身为舞者，其余8身为乐器演奏者。伎乐天通体一色（左侧为黑色，右侧为赭红色），上身袒露，下着长裙，身躯修长，巾带飘举，手持腰鼓、箜篌、阮咸、排箫、羌笛等，于空中翩翩起舞、转轴拨弦、婀娜多姿。驻足在壁画前，仿佛隐隐约约传来乐鼓齐鸣的声音，这组背光伎乐具有很强的艺术感染力。

第6龛的背光伎乐设计独到，佛背光伎乐天左右对称，以舞者为首，舞者手持莲花轻歌曼舞，伎乐天吹排箫、弹阮咸、击腰鼓、拨竖箜篌、吹羌笛，呈现龟兹乐舞的特点。画师们充分发挥想象力，用娴熟的技艺勾勒出了一个美轮美奂、安静祥和的西方极乐世界。

炳灵寺是古代羌族人的聚居地，羌笛是羌人的乐器，在当地颇为流行。腰鼓、古筝、阮咸、排箫为中原乐器，竖箜篌为西域乐器，羌笛为西北羌族乐器，中原乐器占主导地位，中西乐器交错排列，颇有新意，体现了西秦兼容并蓄的社会风气和鲜卑族崇尚乐舞的精神风貌。

第 12 龛双飞天在佛说法的上空飞翔，双飞天头束高髻，面椭圆，披长发，上身袒露，下着长裙，右手托花盘，身躯弯曲呈"U"型，线描粗犷。第 13 龛飞天在释迦多宝并坐说法的两侧，飞天双臂舒展，左侧飞天一手托花盘，一手持莲花；右侧飞天一手持莲花，一手持供物，舞动着飘带，眼、眉、鼻部施白粉，身躯古拙，与西域、河西飞天一脉相承。

北魏时期，飞天在佛顶奏乐、献舞，不再是西秦古拙、呆板、单调的样式，受中原"秀骨清像，褒衣博带"云冈造像模式的影响，飞天的造型发生了很大变化。

北魏飞天，头束高椎髻，脸颊瘦削，五官小巧，眉清目秀，双手弹箜篌，腰肢柔软，翩若惊鸿。青金石开始大量用于绘画颜料，色彩绚丽夺目，飘带细长繁多，尾部呈剪刀形，巾带在飞天身后婆婆娑娑，有飘飘然凌空而降之感。

北周飞天不再伴随在佛陀左右，上升到窟顶，被固定在平棋的角岔里。

第 8 窟藻井中的飞天形象（隋）

第 61 窟窟顶飞天壁画（唐）

飞天"面短而艳"，色彩偏冷、单调，没有北魏之绚烂。

隋代飞天是北周飞天的延续与发展，飞天仍活跃在窟顶平棋的角岔里，色彩较前者丰富，姿态多样。飞天面方圆，长发披肩，面目清秀、俊美，上身袒露，腰裹大裙，足不外露，身姿窈窕，巾带错落有致，在身后形成几大圈。第8窟飞天6身，有的张开双臂飞翔，有的坐于云端，有的散花，有的舞带游戏，还有1身通体白色的裸体飞天，姿态各异，动作潇洒飘逸。

唐代，炳灵寺开窟造像达到鼎盛阶段，雕塑、绘画艺术进入成熟阶段，飞天以一种全新的面貌出现在洞窟中，数量仅次于西秦。这时期"飞天"飞出了平棋的角岔，在空中自由飞翔，姿态优美，动感十足，女性化特征明显。

第61窟窟顶彩绘2身飞天，飞天体态丰满圆润，上身袒露，下着长裙，手托花盘，飘带长而厚重，2身飞天飞舞在彩云之间，颇有在天空中翱翔之感，身临其窟，有种满壁风动的感觉。唐代以后，飞天淡出了炳灵寺石窟的历史舞台。

乐舞，是人类社会不可或缺的精神食粮。飞天，是佛教乐舞神，这些富有活力、能飞能舞的乐神，在炳灵寺石窟中经历了500余年的发展历程。在这漫长的岁月里，飞天的形态、情趣、意境等在不断发生变化，贯穿于石窟艺术始终，形成了具有鲜明时代性、地域性的飞天艺术形式。

释迦苦修像

艰苦卓绝

第169窟第20龛的苦修像，展现的是悉达多太子出家苦行六年后，体力消耗殆尽、骨瘦如柴时的状态。匠师用其娴熟的手法，将佛陀"肉尽筋现如坏屋椽，脊骨连露如筇竹节"的形象生动地呈现了出来。

第169窟第20龛依崖壁开龛塑像，龛内泥塑一尊释迦牟尼的苦修像。佛像磨光高肉髻，面相消瘦，额部皱纹清晰，颧骨凸起，两腮下陷，面带微笑。颈部喉结突起，两肩瘦削，双臂骨立，胸部肋骨根根凸起，骨节如珠状相连，腹部凹陷。上身袒露，下着裙，巾带从肩部穿肘向两侧伸出，结跏趺坐，禅定印。佛像面部、胸部骨骼凸显部位交代得很清楚，身躯消瘦如柴的形象很逼真，造像极富写实性。

在佛教造像中，释迦牟尼佛的造型最多，有行、坐、立、卧像，有降生像、思惟像、苦修像、说法像、成道像、涅槃像等。

佛经记载，释迦牟尼，原名乔达摩·悉达多，是古印度北部迦毗罗卫

释迦苦修泥塑

西秦（385—431）
第169窟第20龛
像高0.53米

国（今尼泊尔境内）释迦族人，释迦牟尼是后来的尊称，"释迦"是族名，"牟尼"是印度对出家修行成就者的称谓，意为"释迦族圣者"。

公元前6世纪，古印度处于十六国争霸、百家争鸣时期，释迦族不断受到邻国的威胁，处境困难，释迦牟尼寻求解决困境的途径，从思想领域为刹帝利争得地位。印度传统宗教认为，肉体是导致轮回和痛苦的根源，通过折磨肉体苦行来寻求解脱，苦行者深居于丛林之中静思、绝食，苦修成为当时社会的一种风气。佛经记载，一天悉达多随父王、群臣出巡时来到一个村庄，观农夫耕地，他看见虫子被耕犁翻出土地后，被鸟啄食掉，深感众生相残的痛苦，然后在一棵茂盛的大树下静坐，进入禅定。悉达多在宫中一天天长大，娶妻生子，有乐舞相伴，他依然闷闷不乐，常有出家的想法。净饭王让太子出行游观散心，他出游时看到老人、病人、死人的种种痛苦，最后在北城门看到平静的沙门，他心生快乐，决定出家。

悉达多太子先到伽耶城南优娄频罗村的苦行林修行，日食一麻一米，经过六年的苦修，"身肉为消尽，唯其皮骨存"，身体极度的虚弱，苦修无果后，来到尼连禅河边沐浴，吃了牧女供奉的乳糜后恢复体力。他认识到苦修不能解决心中的障碍，转而到一棵菩提树下，以"不证菩提，宁可碎身，不离此座"的决心静心思惟，终获觉悟。

第169窟第20龛的苦修像，展现的是悉达多太子出家苦行六年后，体力消耗殆尽、骨瘦如柴时的状态。匠师用其娴熟的手法，将佛陀"肉尽筋现如坏屋椽，脊骨连露如筇竹节"的形象生动地呈现了出来。

释迦苦修像（2-3世纪）

　　佛教图像中，苦修像作为释迦牟尼修行成道过程中的一个典型事迹，与出家、成道、说法四个重要经历组成为佛教四相，成为佛教石窟艺术中常见的题材。犍陀罗系的苦修像较多，中国现存苦修像以炳灵寺石窟为最早。

敦煌莫高窟第 248 窟释迦苦修像（北魏）

炳灵寺第 169 窟中的苦修像，塑造于西秦时期，佛像的坐姿、手印、枯瘦的形体，与犍陀罗苦修像表现手法极其相似。苦修像整体呈三角形，结跏趺坐，富有安定感，佛像瘦骨嶙峋，但表情愉悦，神态坚毅，不同于丝绸之路上其他石窟中面显愁容的苦修像。

　　释迦牟尼苦行六年后最终摒弃了这种极端的修行方式，但是六年艰苦卓绝的修炼经历，使他获得了精神上的无上解脱和超越，拥有了顽强的心志和强大的精神力量，对他后来的思想产生了很大影响。在他后来的弘法教化中，对苦行也并没有表现出彻底的反对。佛陀的大弟子迦叶在皈依前是持鸡犬戒苦行的沙门，皈依佛教后仍然修苦行，被称为"头陀第一"。至今，苦行仍是出家人常持的一种修行方式。

炳灵寺石窟维摩诘居士形象

人间佛教思想的代言人

维摩诘象征着洁净、没有染污而著称的人，是魏晋以来绘画、雕塑以及诗歌、戏剧、音乐等各个艺术门类的重要题材。

维摩信仰在炳灵寺流行很早，公元 5 世纪石窟中有了维摩诘壁画，至 6 世纪不曾间断，随着时间的推移，内容不断丰富，如西秦时期的维摩诘示疾图，北魏的文殊、维摩并坐像，隋代的维摩诘经变画等，唐代维摩诘淡出了炳灵寺的历史舞台。

维摩诘，梵语中的意思为净名、无垢尘，为洁净、无污染，简称维摩或维摩诘。维摩诘为古印度的在家居士，相传是金粟如来的化身，以居士身份教化众生。

《维摩诘经》是印度早期大乘佛教经典之一，大概形成于公元 1 ~ 2 世纪，在印度很流行。汉代，《维摩诘经》开始传译入我国，至唐代相继

维摩诘示疾壁画

西秦（383—431）

第169窟第11龛

有 7 个汉译本问世。《维摩诘经》讲述了佛陀为大众说法，大众听到佛陀的说教后，极力拥护佛陀营建佛国净土。这时传来维摩诘居士有病的消息，释迦牟尼佛先后派弟子舍利弗、弥勒菩萨等前往维摩处问疾，弟子和菩萨称曾被维摩批评过，不敢前往。最后，佛派智慧第一的文殊菩萨前往问疾，文殊承佛旨意，勇挑重任，率众前往维摩处问疾，于是在毗耶离城（今印度比哈尔邦南部）维摩与文殊展开了一场佛法的辩论会。

《维摩诘经》以维摩诘为中心人物，维摩诘所代表的融通世、出世间、注重理、行不二的大乘佛教思想在中国寻得了大众，特别是具有儒家传统而兼出世情怀的士大夫阶层的普遍认可，而经中所表述的丰富多彩的情节与生动鲜明的形象更使得维摩诘成为魏晋以来绘画、雕塑以及诗歌、戏剧、音乐等各个艺术门类的重要题材。

第 169 窟第 11 龛，西秦时期的维摩诘示疾图表现出了维摩诘半卧于床榻上，头顶华盖，束高髻，余发披肩，为菩萨形象，"有清羸示病之容，隐几忘言之状"。壁画构图简练，绘画线描粗犷，这是中国迄今现存最早的维摩诘画像。

南北朝时期维摩诘信仰之风渐兴，造像以体现问疾品情节居多。第128 窟西壁佛上部石雕文殊维摩并坐像，文殊身着菩萨装，半跏趺坐，维摩身着大衣，手持尘尾坐于帐内，二大士并坐似侃侃而谈，形象生动，突出了《维摩诘问疾品》情节。

隋代，中国佛教在经历了南北朝大发展之后，随即走向唐代鼎盛期，

第 128 窟文殊维摩并坐像（南北朝）

处于过渡期的隋代，正是《维摩诘经》在中国广泛传播之际，注疏的数量、质量空前，维摩信仰很风行，敦煌莫高窟维摩诘经变始于此时，炳灵寺第8窟维摩诘经变壁画也是这时期的作品。

第8窟是一个维摩诘经变窟，窟内泥塑一佛二弟子二菩萨像（一弟子一菩萨已失）。壁画约13平方米。窟四壁连通一气，壁画彩绘弟子、菩萨、供养人像。南壁菩萨像8尊，弟子像7尊；西壁弟子像10尊；北壁菩萨像6尊，弟子像6尊；东壁绘文殊、维摩诘菩萨及2飞天。窟顶彩绘藻井，

第8窟一佛二弟子二菩萨像（隋）

第8窟南壁菩萨、弟子、供养人壁画（隋）

井内有 6 身飞天。

菩萨面形椭圆，头束高髻，戴花冠，宝缯长垂，戴耳环、项圈、臂环、手镯等。上身璎珞、披帛庄严，下身着长裙，身躯修长。弟子分布在菩萨外围，有的青发高耸，有的头裹巾，身着交领衫。菩萨、弟子乘坐在莲叶上，姿态各异，身躯前倾。飞天舞动在窟顶六边形井内。

东壁门北侧维摩诘屈膝坐于房中，门南侧文殊菩萨立于莲叶上。紧跟在文殊菩萨身后的是由众菩萨、弟子、飞天等组成的庞大团队，他们密密层层依次分布在南壁、西壁、北壁及窟顶。

四壁最下面是供养人像，首位供养人手持伞，后面紧跟上下两排男女供养人，上排男供养人 27 身，下排女供养人 26 身。供养人手持莲花迈步向佛，男供养人头戴幞头，身穿窄袖长袍，腰间有联珠挂饰，足穿乌靴。女供养人身穿长袖襦裙，裙裾束于胸际，着披帛，足穿尖头鞋。两排供养人整齐划一、步调一致，作迈步向前状，展现了当时信众们绕窟诵经的场面。

第 8 窟是一个维摩诘经变窟，以绘塑结合的形式呈现了《维摩诘经》中佛国品、弟子品、问疾品情节。

正壁佛项光两侧有 10 身弟子像，北侧青衣弟子袖手，扭头侧身；灰衣弟子启齿向佛，神情沉闷、拘谨，佛南侧弟子交头私语，这些弟子像就是佛经中的舍利弗、大目犍连等弟子。弟子中有的侧身摇头，有的低首细语，有的启齿欲说，都推辞不敢前往问疾。弟子、菩萨都不敢前往，于是，佛陀派智慧第一的文殊菩萨问疾，文殊答应前往问疾，在场听佛说法的菩萨、弟子、飞天听到文殊问疾的消息，转身跟随文殊前往听二大士论法。窟内泥塑和彩绘的 16 身菩萨、25 身弟子、8 身飞天象征着随文殊问疾的"八千菩萨、五百声闻、百千天人"。

东壁门北侧青瓦房内，维摩诘身着对襟宽袖大衣，须髯戟张，凝神前视，屈膝端坐于床上，等待佛陀派人来探望他。门南侧文殊身躯高大，头顶华盖，头戴花冠，身着长裙，赤足立于水中浮莲上，率众来维摩处问疾。众弟子、菩萨错落有致，依次分布在南壁、西壁、北壁，他们都身躯前倾，朝向一致，

第 8 窟维摩诘经变弟子品壁画（隋）

第 8 窟文殊菩萨壁画（隋）

作急速前行状。整个画面一气呵成，流畅自如，故事情节简洁明了。

　　第8窟壁画打破了以前对称、单壁作画的传统，四壁连通一气，通壁巨构，形成一幅完整的画卷。壁画构思巧妙，把关键人物维摩与文殊安排在窟门两侧，而把最大空间（南北壁）留给了赴会大众，通过熙熙攘攘、千姿百态的大众来烘托二大士论法的精彩场面。众弟子菩萨或密密层层，或稀稀疏疏。在众多画像中，菩萨表现最丰富，一尊尊肌肤圆润、衣饰华丽的菩萨，身着飘逸的长裙，挥动着长长的飘带，活跃在队伍的最前面。弟子头裹巾，衣襟上有连珠纹饰新颖别致，具有异域风情；飞天自由翻转，脱壁欲出；供养人手持莲花，迈步向前。赴会大众们或交头接耳，窃窃私语；或举目张望，左顾右盼；或闭目沉思，焦虑不安；或笑逐颜开，其乐融融……前后左右交相呼应，好不热闹。北壁的两弟子形象别具意趣，一弟子低头聆听菩萨耳语，一弟子挤出头来看其他菩萨，二弟子调皮可爱的举动令人浮想联翩。身临其窟，似有"天衣飞扬，满壁风动"之感。

炳灵寺石窟弥勒上生信仰

兜率天宫中的弥勒菩萨

随着公元 4～5 世纪各类弥勒经典的大量译出和广泛传播及众多高僧大德身体力行的倡行引导，弥勒信仰很快在中原大地流传开来，到南北朝时逐步走向鼎盛，成为石窟造像与壁画中重要的佛教题材之一。

佛教经典中，弥勒作为被释迦预言于 56 亿万年后从所居兜率天宫中下生娑婆世界成佛的未来佛，历来为人们所崇敬信仰。而对他的信仰又根据其在兜率天修道时的菩萨形象和下生娑婆世界后的佛陀形象，分为上生信仰和下生信仰。

在炳灵寺石窟的早期佛教造像和壁画中，保存有多幅弥勒菩萨画像，形象丰富多彩，展现了其在早期佛教中的信仰内涵。

石窟中西秦时期的弥勒像有四身，分别位于第 169 窟第 6、12、16 龛，以及第 192 窟第 5 龛内。第 169 窟第 6 龛内为一立姿菩萨画像，其项光左侧墨书榜题为"弥勒菩萨"。菩萨头戴宝冠，袒上身，佩戴项圈、璎珞、

弥勒菩萨壁画

西秦（385—431）
第169窟第6龛
弥勒像高0.84米，宽0.50米

臂钏，下着长裙，披巾自双肩搭下穿肘下扬，左手叉腰，右手上举，姿态自然优美。画像虽因长期的自然侵袭而略显漫漶，但躯体轮廓分明，其下垂飘扬的披巾博大宽长，线条劲健流畅，是目前我国石窟寺中现存最早有明确题名的弥勒菩萨绘画，与后来弥勒菩萨一般做交脚状的形象有所区别。

　　第12龛在梵天劝请图的上方周围彩绘十余身坐佛，其中在右上方见一身画幅较小的袒上身交脚弥勒菩萨，头戴宝冠，长发披肩，双手于胸前结印。下着绿裙，飘带自背部穿肘下扬，双腿交叉坐于圆凳上。

第 169 窟第 12 龛交脚弥勒菩萨壁画（西秦）

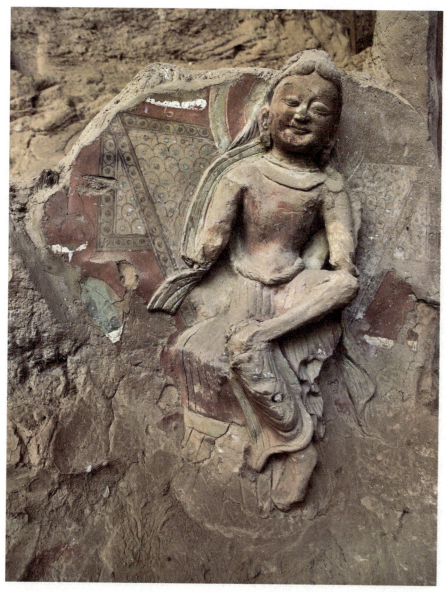

第 169 窟第 16 龛舒相坐弥勒菩萨（西秦）

第 169 窟第 16 龛在背屏式浅龛内木胎泥塑一尊袒上身思惟菩萨像。菩萨四肢已残，但从残痕处可看出为左舒相坐于束腰台座上，身后的彩绘背光呈 "▽" 形，与敦煌莫高窟第 275 窟内的交脚弥勒背光相近。

第192窟第5龛壁画交脚弥勒菩萨（西秦）

　　野鸡沟第192窟第5龛中，中间绘一佛二胁侍菩萨，右胁侍菩萨右侧
绘一尊袒上身交脚弥勒菩萨，左手提净瓶，右手胸前作说法印，其身后的
彩绘背呈"▽"状，与第169窟第16龛内泥塑思惟菩萨的背光如出一辙。

巴基斯坦莫赫拉莫拉都寺院立姿弥勒菩萨石雕像（公元2—3世纪）

弥勒的艺术形象约在公元2~3世纪产生于印度和中亚地区，左手提净瓶的立姿或坐姿菩萨是一种，交脚坐姿是另一种。从炳灵寺上述四尊弥勒造型来看，早期在古印度、中亚乃至敦煌等地区较为常见的站姿、交脚坐及思惟状的弥勒菩萨在西秦洞窟中都有所展现，说明炳灵寺西秦时期的佛教较多地受到西域文化影响。炳灵寺北魏时期的窟龛中，也有数身弥勒画像和造像，其菩萨形象，依然沿袭了上述三种图像模式。

在北魏延昌二年（513）所开的第126窟中正壁上方高浮雕一身思惟状弥勒菩萨，北壁主尊为蹲地力士双手托举的石雕交脚菩萨；同期所开的第132窟北壁主尊也是交脚弥勒菩萨；第128窟东壁雕刻一尊与过去七佛组合在一起的思惟状弥勒菩萨，北壁为下生兜率天成道的弥勒佛。众像均面相清癯消瘦，身着褒衣博带式大衣。

西秦至北魏时期以立姿、思惟、交脚造型展现的三种弥勒像虽身姿各异，形象不同，但几乎都是表现其在兜率天宫中行菩萨道时的上生信仰。兜率天是佛教三界（欲界、色界、无色界）

第 128 窟弥勒菩萨思惟浮雕像（北魏）

二十七重天中的第四重天，距婆娑世界并不高远。佛经中所称弥勒上生信仰的修习方法并非很难，而这样简单易行的信受方法，在两晋南北朝这个动荡的年代，对于鼓动人们至心憧憬弥勒所掌管祥和安乐的未来净土世界，无疑是起着推波助澜的作用。随着公元 4 ～ 5 世纪各类弥勒经典的大量译出和广泛传播及众多高僧大德身体力行的倡行引导，弥勒信仰很快在中原大地流传开来，到南北朝时逐步走向鼎盛，成为石窟造像与壁画中重要的佛教题材之一。

第 132 窟南壁交脚弥勒菩萨主尊雕像（北魏）

炳灵寺石窟三世佛造像

三世信仰与观法

鸠摩罗什所译的《妙法莲华经·方便品》等佛经中强调了三世佛的教化功德，应着这样的宗教需要，三世佛造像遂应运而生。

炳灵寺第 169 窟第 9 龛位于窟内北壁中部，为依崖壁敷薄泥做成的莲瓣式背屏龛，龛内泥塑三身立佛，均高肉髻，微低头，面形方圆，双腿略分开两边赤脚立于莲台上。最左侧立佛身着通肩大衣，右手置胸前，左手在胯部握袈裟，立于保存完好的覆莲台上，身后背项光内彩绘火焰纹、联珠纹。中间与右侧立佛均着半披肩袈裟，袈裟自左肩绕过颈部敷搭到右肩，部分衣裾下垂到背部。右手下垂握衣角，左手胸前握袈裟，二佛身后背光内彩绘忍冬纹、联珠纹、火焰纹，项光内彩绘莲瓣及火焰纹。从造型特征来看，三尊佛均双肩宽阔，身躯挺拔，衣质较厚重，双手所处的位置、姿态及站姿等都反映出受到印度犍陀罗艺术的影响。

三世佛造像

西秦（385—431）
第169窟第9龛
龛高1.36米，宽0.93米，深0.11米

第126窟过去佛、释迦·多宝佛、弥勒菩萨造像三维虚拟图（北魏）

大小乘佛教中都认同三世佛说，即认为佛有过去、现在、未来三世三佛，我国早在公元 2 世纪时就已传入有关三世佛的译经。后秦时姚兴也以帝王之尊极力宣扬三世论，著《通三世论》，论证三世之有无，得到一代名僧鸠摩罗什的赞许。佛教三世论认为，芸芸众生基于各自生前所造不同的"业"而产生不同的因缘果报，在三世六道中轮回流转。既然有众生在三世六道中轮回，则相应的也要有三世诸佛分别在三世中教化众生。鸠摩罗什所译的《妙法莲华经·方便品》等佛经中强调了三世佛的教化功德，应着这样的宗教需要，三世佛造像遂应运而生。

炳灵寺第 169 窟第 9 龛内塑造于西秦时期的这三尊立佛，是迄今发现最早的三世佛造像。除此之外，在同窟第 24 龛千佛壁中部和下部，分别绘有一组弥勒说法图和释迦·多宝并坐像。多宝佛为《妙法莲华经》中所称已于过去久远劫涅槃的过去佛，释迦牟尼是现世婆娑世界的教化佛，弥勒是释迦预言将于 56 亿 7 千万年后下生成佛接替其佛位的未来佛。龛内的画像即蕴含了三世佛信仰内涵。南北朝时我国石窟中已出现了大量三世佛造像题材。

第 132 窟过去佛、释迦·多宝佛、弥勒菩萨造像三维虚拟图（北魏）

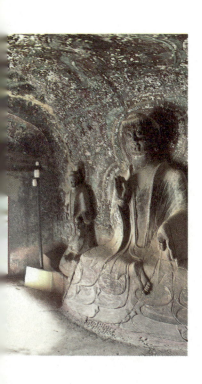

第 128 窟过去佛、释迦·多宝佛、弥勒佛造像三维虚拟图（北魏）

到北魏晚期，随着法华信仰的进一步流行，三世佛造像大量出现在炳灵寺石窟中。第126、128、132、144窟均以正壁的释迦·多宝并坐像、南壁过去佛、北壁弥勒佛或弥勒菩萨的组合形式展现三世佛题材。第146窟内南、西、北壁各雕一结跏趺坐佛并二胁侍菩萨，形成三世三佛组合。各窟中的佛像均低平肉髻，长颈削肩，瘦削清秀，身着双领下垂式广博宽大的袈裟，呈现出佛教艺术受到中原汉族文化和玄学思想影响后逐渐本土化、民族化的特征。

第172窟木阁内三世佛泥塑像（北周，明代重塑）

第 172 窟（北周）

　　保存于第 172 窟木阁内的一组三世佛泥塑像，原塑于北周时期，现表面为明代重塑层。三佛中南壁过去佛及北壁未来佛均双手禅定于腹前，身旁侍立二菩萨；正壁现在佛释迦牟尼左手腹前握衣裾，右手胸前作说法状，身旁侍立一老一少二弟子。木阁内壁满绘排列有序的众弟子像。

　　三世佛是注重禅修的北朝佛教重要的禅观对象。在第 169 窟第 24 龛西秦壁画和第 126、128、132、144 窟的北魏洞窟中，三世佛均与法华系造像交融呈现，说明在鸠摩罗什所译《妙法莲华经》的宣扬下，三世佛观法一开始便与法华信仰紧密交融在一起，法华信仰中也体现着浓郁的三世佛观。因第 169 窟第 9 龛造像、第 24 龛壁画中的释迦·多宝和弥勒佛都是我国石窟中出现最早的相关题材，所以炳灵寺第 169 窟也成为我国石窟中最早展现三世佛信仰的洞窟。

千佛壁

气势恢宏的千佛律动

炳灵寺西秦至北周时期洞窟中这一面面熠熠生辉的千佛壁，既是信徒们殷切的精神寄托，也是僧侣们重要的禅观对象，反映了当时大乘佛教的宗教思想。

在炳灵寺北朝时期的早期洞窟中，千佛是最为常见的佛教题材。第169窟第15、19、24，第169窟至第172窟之间的天桥栈道上方，第192窟等窟龛中，均有大面积的千佛壁画，说明千佛信仰在早期佛教中非常盛行。古代艺匠们在窟内砌土坯墙，或将崖壁凿平，上面以麻草细泥等材质精制地仗层，再挥毫落彩，绘制千佛。

第169窟第15龛和第19龛中的千佛图，都是在地面上起墙通壁绘制而成。众佛前后左右整齐排列，均高肉髻，着通肩大衣，五官及衣纹以墨线勾勒，彩绘华盖、背项光，双手腹前禅定，结跏趺坐于覆莲台上。画工通过对佛像大衣和背光颜色的规律性排列，使画面远观而呈现出一种三角

千佛壁

西秦（385—431）
第169窟第15龛
壁面高3.50米，宽4.78米。千佛平均高约0.09米

第 169 窟第 19 龛千佛壁（西秦）

形层层外延的律动视觉效果。

第 24 龛中千佛的身量大小略有差异。在千佛正中间和左下方各绘一铺一佛二胁侍菩萨像。其中绘于中间的主尊佛身着敷搭右肩式袈裟，双手胸前作说法状，结跏趺坐于莲座上；二菩萨头戴花鬘冠，一手上扬，一手下垂执飘带，侍立两侧。千佛图靠下方绘二佛并坐于相轮刹柱龛内，中间墨书榜题"多宝佛与释 / 迦牟佛分半坐时"，少了一个"尼"字，应该是依据《妙法莲华经》卷四《见宝塔品》，展现的是过去多宝佛与现在世释迦牟尼共坐多宝塔内的场景。

在第 169 窟至第 172 窟之间的栈道上方崖壁上，残存着大面积排列规整的千佛画面，大约绘于北周时期，可惜因常年暴露在外风吹日晒而严重褪色或脱落。第 192 窟位于下寺石窟群北部约数百米处的野鸡沟，窟中第 1 龛内残存部分西秦时期的千佛画面，施色以石绿、石红为主，色泽依然浓艳如初。

第 169 窟第 24 龛千佛壁（西秦）

第 192 窟第 1 龛千佛壁（西秦）

　　此外，在北魏时期的第 126 窟窟顶分三层浅浮雕千佛雕像；北周时期的第 6 窟内通壁绘千佛结跏趺坐在树林中，千佛下方绘数只猴子、喜鹊相逐于林中。

第 169 窟至第 172 窟之间栈道上方的千佛壁（北周）

小乘佛教认为一世只有一佛，现在世的婆娑世界由释迦牟尼弘法教化。主张普度众生的大乘佛教则认为人人皆有佛性，众生都可成佛，宣扬多佛思想。随着大乘佛教的不断发展壮大，众佛的数量越来越多，范畴也越来越广，并随之产生了诸多千佛名经。如西晋竺法护所译的《贤劫经》《诸佛要集经》，刘宋畺良耶舍译《佛说观药王药上二菩萨经》等。

第126窟窟顶千佛浮雕像（北魏）

第 6 窟北壁千佛壁（北周）

千佛信仰在北朝佛教中占有重要的地位，这与大乘佛教对千佛供养功德的极力宣扬不无关系。千佛他力的加持救护作用对当时处于频繁战乱当中的人们产生了深深的吸引。寻常的信众希冀通过读诵、画作等功德得到千佛的他力救护，趋福避祸，而禅僧们主持开窟、雕绘千佛，则是为了坐禅观佛修道求解脱。第169 窟 15 龛中的千佛图通过对诸佛袈裟、背光颜色的规律性布控，展现出呈三角形层层外延的律动感，正是表现禅定观像时"但见诸佛光光相接"的奇妙景象。

炳灵寺西秦至北周时期洞窟中这一面面熠熠生辉的千佛壁，既是信徒们殷切的精神寄托，也是僧侣们重要的禅观对象，反映了当时大乘佛教的宗教思想。

西秦高僧

炳灵寺因他们而辉煌

中西高僧将不同地域的佛教文化艺术带到炳灵寺，中西禅道、多种文明交融荟萃，佛教艺术在此走向辉煌。

　　西秦盛行佛教，统治者极力提倡佛教、敬奉僧人，吸引中外高僧云集炳灵寺进行佛事活动。乞伏国仁时期，迎请西域高僧圣坚来西秦译经弘法，"即播释风，仍令翻译，相承四主，四十四年。"圣坚主持翻译了《罗摩伽经》《摩诃刹头经》《妇人遇辜经》《无崖际总持法门经》《演道俗业经》等十四部佛教经典，译者注"西秦沙门圣坚译"，这些佛经的译出为佛教在西秦发展奠定了基础。圣坚译经的同时也培养了大批僧人，西秦佛教势力日益壮大。

　　公元 412 年，乞伏炽磐迁都枹罕后，请印度禅师"昙摩毗来入其国，领徒立众，训以禅道，然三昧正受，既深且妙，陇右之僧禀承盖寡。高以

第 169 窟供养人像（西秦）

己率众，即从毗受法"（梁释慧皎《高僧传》）。昙摩毗是中印度（迦毗罗卫国）人，乞伏炽磐时期来到西秦国弘扬佛法。

玄高，秦地高僧，早年师从关中浮驮跋陀禅师，精通禅道，"隐居麦积山，山学百余人，崇其义训，禀其禅道"（梁释慧皎《高僧传》）。玄高得知许多高僧达不到从毗受法能力，于是率众从麦积山来西秦（枹罕）从毗受法，十天后，昙摩毗认为玄高的禅法超过了他。此时，西秦国有二位高僧，身为沙门，却排斥僧人修习禅法，昙摩毗离开西秦回国后，二僧向世子曼谗构，陷害玄高，其父不许，玄高离开西秦去河北林杨堂山修行。乞伏炽磐听说长安昙弘法师佛法高深，派人迎他来西秦国传法，昙弘听说玄高被谗言诽谤的消息后，为其申诉清白，在昙弘的劝说下，乞伏炽磐迎玄高回国。玄高回国时，"王及臣民，近道候迎，内外敬奉，崇为国师"。玄高在西秦国期间，西秦的禅学已经很盛行，各方名僧闻风而来，其中有陇西高僧玄绍。玄绍学习多种禅法，神力自在，后入"堂述山（炳灵寺）禅脱而逝"。

法显，东晋名僧。公元 399 年，法显与慧景、道整、慧应、慧嵬等从长安出发，沿丝绸之路西去印度求法。他的游记《佛国记》记载："初发迹长安，度陇，至乾归国夏坐。夏坐讫，前行至耨檀国。"法显西行抵达的乾归国即西秦国，在乾归国（西秦国）夏坐后（指佛教在每年四月十六至七月十五期间，禁止僧团外出，聚集一处精进修行，在寺庙里安居三个月的行为），经耨檀国（南凉国，都城今青海西宁西），公元 400 年，到

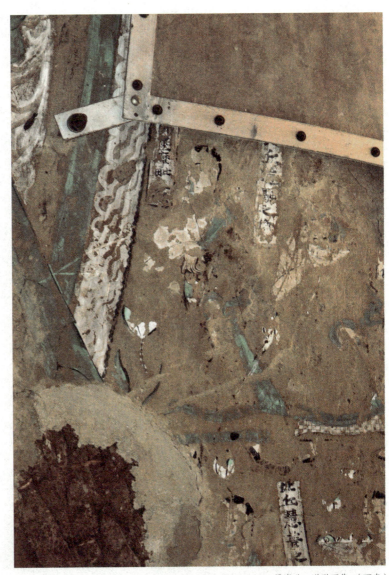

昙摩毗、道融画像（西秦）

法显画像（西秦）

达北凉国。丝绸之路起始段有北、中、南三条道，炳灵寺石窟处在南道的必经之路上，法显西行取道丝绸之路南道。第169窟第12龛壁画中有法显画像，榜题"法显供养佛时"，印证了法显西行经过炳灵寺时在此礼佛的事实。

十六国时期，中国北方流行禅法，"凿仙岩以居禅"成为当时修行的一种风气。《高僧传》中记载的昙摩毗、玄高、法显、玄绍、道融、昙弘等是当时著名的大禅师，他们曾经到过西秦国，期间来炳灵寺进行较大规模的开窟造像，第169窟有50多身供养人画像和题名，除以上几位画像外，还有道慧、昙要、道元、道新、惠普等，他们是当时在炳灵寺开窟造像的禅僧们或功德主。

禅修需要观像，观像如同见佛，第169窟中的释迦牟尼佛、无量寿佛、药师佛、释迦多宝佛、三佛、十方佛、千佛等佛像，正是禅修观像的对象。中西高僧将不同地域的佛教文化艺术带到炳灵寺，中西禅道、多种文明交融荟萃，佛教艺术在此走向辉煌。炳灵寺石窟中现存的许多佛教题材后在麦积山、云冈、龙门石窟出现，这与他们的活动有直接关系。

窣堵坡

炳灵寺石窟佛塔艺术

炳灵寺石窟中保存的各类多姿多彩的佛塔，反映了丝绸之路和唐蕃古道上东西方佛教文化和建筑艺术不断交融变革的历史特征，带给人们别样的美学享受和宗教启迪。

佛塔起源于古印度，有用于珍藏佛祖或圣僧舍利、经卷等圣物的"窣堵坡"，和僧侣诵经修行的建筑场所"支提"两种形式。自古以来礼塔如礼佛，因而塔被作为佛陀的象征性纪念物广为修建，备受推崇。佛教典籍中常会见到宣扬建塔或礼塔的诸多功德。隋唐时期，我国的译经学家开始以"佛塔"一词来统称"窣堵坡"和"支提"两种建筑形式。随着佛教的发展，佛塔传入中国后，造型也不断与我国传统的建筑艺术交融结合，衍生出各种形式各异的艺术造型，成为佛教中一个重要的石窟类型。

炳灵寺1600余年的营建史中，佛塔一直是不可或缺的佛教题材。从西秦到明清，石窟中留下了不同时代下或绘或雕神姿迥异的各类佛塔，从

第 169 窟第 23 龛三股相轮舍利塔壁画（西秦）

第 169 窟第 13 龛三股相轮刹柱龛多宝塔塔顶壁画（西秦）

其佛教功用来说多属于窣堵坡式塔，从一个侧面映射了佛塔建筑艺术的发展变迁。

　　早期窣堵坡式的佛塔，由墓冢演变而来，基本造型为圆形或方形的塔基之上，起一个圆形坟丘状覆钵体，内藏佛陀遗物，覆钵上面再以较小的相轮或刹顶做简单的装饰。炳灵寺第 169 窟第 13、23、24 龛西秦壁画中所绘的佛塔，基本沿袭了这种形制，由基座、肥大的椭圆形覆钵、三股相轮塔刹三部分组成，但相轮的比例明显加大，增强了装饰的效果。覆钵之

第 3 窟仿木构方形舍利塔（唐）

上绘多种几何形的装饰图案，三股相轮刹柱上面以线条示意出层数。整体外形浑厚古朴，渗透着浓郁的早期特征。

唐宋时我国的仿木结构砖石塔得到了发展。炳灵寺第3窟内一座依山而雕的唐代石塔，由塔基、塔身、塔刹三部分组成，塔基与塔身均呈四面方形，塔基前有须弥台阶，整体外观敦厚秀丽。塔身正面开一深龛，作珍藏舍利之用。其上四披作仿木构斗拱结构，飞檐翘角，雕工细腻。塔顶四角雕山花蕉叶，中间为覆钵。这种亭阁式的中原建筑造型与覆钵刹顶的印度风格糅合而成的塔形，实现了外来佛塔中国化的完美过渡。

T11、T12 印藏式舍利塔（明）

T30、T31 印—藏—汉式舍利塔（明）

　　吐蕃佛教兴起后，印度式的佛塔文化在雪域高原得到了继承和发展，形成了具有印藏艺术结合特点的佛塔建筑。藏传佛教后弘期，瓶形覆钵式的浮雕喇嘛塔开始大量出现在炳灵寺石窟的崖壁上。这些塔由带圭角的塔基、中间开龛的覆钵塔身、由下而上逐渐变细的十三层相轮、塔刹四个部分组成，分别代表佛教修行的各个阶段，具有具体而生动的宗教象征意义。

有趣的是，这种印藏交融的佛塔艺术，于明清之际在炳灵寺这个汉藏交接的地方，得到了二度改造，一部分喇嘛塔的覆钵形塔身，被密檐翘角的汉式仿木构亭阁造型取代，形成了印—藏—汉三种艺术的有机结合。如石窟中现编号为 T30 和 T31 的两座浮雕舍利塔，由塔基、塔身、相轮、塔刹四部分组成。塔基为仰覆莲台须弥座，座下有圭角。塔身为汉式仿木构建筑，正中开一深龛，用于存放高僧舍利。翘角塔檐上方刻有吻兽。相轮横刻成 13 层，自下而上逐渐变细。塔刹为藏式风格，由华盖及尖顶火苗状的塔顶组成。

藏传佛教认为佛塔内腔不能空着，要珍藏佛舍利、圣者法体、佛经、佛像及藏民族称为"擦擦"的一种特制小像。"擦擦"一般由泥土混合高僧骨灰精制而成，大者盈尺，小者不足方寸，题材大多为佛、菩萨、度母、金刚或佛塔等，形象刻画入微，精巧细腻。经活佛或高僧开光后，"擦擦"便被赋予了宗教意义上的灵气和佛性，成为僧俗顶礼膜拜的崇拜对象。炳灵寺石窟群中有些浮雕塔塔身正面的小龛内，至今还保留着包于袈裟中的高僧骨灰，或泥塑"擦擦"小佛塔，分别标识了二者作为真身舍利塔和法身舍利塔的不同功用。

此外，在炳灵寺馆藏文物中，还珍藏着一些精巧的鎏金铜喇嘛塔和石刻小佛塔。这些鎏金铜塔的基座部位，一般雕饰双狮、摩尼宝珠等，顶部相轮处饰缠枝花草，铸造精美，色泽华贵，具有很高的观赏性。另一座石雕仿印度佛陀伽耶塔，在敦厚的塔基之上有中间大、四角小的五座塔，塔

炳灵寺文物保护研究所藏鎏金铜制舍利塔（明）

炳灵寺文物保护研究所藏石制仿佛陀伽耶塔（明）

基正面开一小龛，龛内雕结跏趺坐的释迦牟尼佛；塔基后面连着一个门廊，廊顶小龛内也雕一佛，门廊上方二角各雕一小塔。塔体遍刻千佛、狮子、花卉等，造型独特，精雕细琢，以高仅 14 厘米的方寸，成功演绎了金刚宝座塔雄浑壮观的气势。

炳灵寺石窟中保存的各类多姿多彩的佛塔，以其特有的艺术形式，记载了炳灵寺石窟在每个历史阶段，受特定文化背景和建筑艺术影响而出现迥然各异的风姿，反映了丝绸之路和唐蕃古道上东西方佛教文化和建筑艺术不断交融变革的历史特征，带给人们别样的美学享受和宗教启迪。

炳灵寺石窟中的法华信仰

佛教艺术的中国化

炳灵寺法华洞窟受南朝玄学思想和"秀骨清像、褒衣博带"的中原画坛风尚的影响，一改西秦时期佛教初传入汉地时探索摹仿和中西方艺术结合的特征。

《法华经》，又称《妙法莲华经》，由后秦鸠摩罗什翻译，是介绍释迦牟尼晚年说教的内容，属于大乘佛教最主要的信仰对象之一。全经共分《叙品》《方便品》等二十八品，其中《见宝塔品》为第十一品，也是整部佛经的精髓所在。"品"在此处相当于篇、章等义，用以划分整部经文。自西晋竺法护首译《正法华经》以来，法华思想已见于当时的上层社会中。公元406年鸠摩罗什重译出《妙法莲华经》时，适逢后秦姚兴大弘佛法，兼罗什的译文简约流畅、文质并茂，众弟子注疏作序，旋将这一信仰推向高潮，以释迦多宝二佛并坐为主要法华代表形式的绘画或造像内容，很快便在各大石窟中繁荣起来。炳灵寺第169窟第11、13、24龛的西秦壁画中，

第 169 窟第 11 龛释迦・多宝佛壁画（西秦）

均有明确题名的释迦·多宝佛，说明在罗什译出《妙法莲华经》不久，法华信仰就已经传入炳灵寺。

在第169窟第11龛中，二佛善跏趺坐在三股相轮刹柱龛内，头顶各绘一华盖，二佛中间东、西两侧分别墨书榜题"释迦牟尼佛／多宝佛□□"。绘画以中原传统的线描技法勾勒而成，画面简洁，线条质朴，主题明确。第·13龛下方大部分壁画已脱落，上方残存一座尖顶相轮刹柱龛龛顶。龛内绘两幅华盖，华盖下方的佛像已毁，华盖之间墨书榜题"多宝佛住地／说法□□教□"，应该也是释迦·多宝并坐说法。刹柱龛顶部见

第169窟第13龛释迦·多宝佛壁画（西秦）

第 128 窟正壁释迦·多宝佛及二胁侍菩萨像（北魏）

两身飞天、一胁侍菩萨和一身化生童子，均在双眉、眼及鼻部施以西域式的白色晕染，以提高人物形象立体感的效果。第 24 龛在千佛图靠下方的壁面上，绘榜题为"多宝佛与释／迦牟佛分半坐时"的二佛，并坐于三股相轮刹柱龛内。

第 132 窟正壁释迦・多宝佛及二胁侍菩萨像（北魏）

到北魏晚期时，随着历任帝王的极力推崇提倡，尤其是在孝文帝推行一系列汉化改革的影响下，使"胡貌梵相"的佛像，有了进一步与中原文化交融的空间，加速了佛教艺术中原化、本土化的进程。在充分汲取中原汉族文化养料之后，佛教以都城洛阳为中心，又以全新的艺术形式辐射到全国各地。这个阶段，法华洞窟大量出现于炳灵寺，现存9个北魏洞窟中，以第125龛和第126、128、132、144窟等为代表的7个窟龛就以释迦·多宝佛并坐作为正壁主尊。各窟龛中的造像，受南朝玄学思想和"秀骨清像、褒衣博带"的中原画坛风尚的影响，一改西秦时期佛教初传入汉地时探索摹仿和中西方艺术结合的特征，迈出了外来佛教中国化的重要一步。佛与菩萨均眼睑低垂，面型条长，清癯消瘦，含蓄内敛，穿着双领下垂式宽衣大袖的汉式袍服，其中的第125龛造像，以其准确的造型、传神的意蕴和精湛的创作技艺，堪称炳灵寺石窟法华系造像中的精品代表作。

第125龛为一立面圆拱形尖顶双龙浅龛，龛内石雕释迦·多宝佛并二胁侍菩萨像，龛外雕二力士。二佛均为低肉髻，长耳垂肩，眉眼细长，双目微闭下视，高鼻薄唇，面容清秀，略微上翘的嘴角蕴含笑意。身着双领下垂式的宽博袈裟，阴刻衣纹呈直平阶梯式悬垂而下。左侧释迦牟尼佛右手作说法印，左手作降魔印；右侧多宝佛右手指向释迦，左手残。二佛并列半跏趺坐，头微侧向对方，似在轻声细语，低声谈笑，宛若南朝竹林内清谈玄学的文人雅士，人物造型概括简练，神情刻画入微。造像以超脱世俗的潇洒气质，将佛的精神境界与现实的生活情趣巧妙地融为一体，使之

第 125 龛释迦·多宝佛及二胁侍菩萨像（北魏）

具有强烈的艺术感染力。

据《妙法莲华经》记载，释迦牟尼在法会上为四众弟子宣讲法华经义时，多宝佛安坐在多宝塔内自地下涌现，住于虚空，并请释迦到其塔内共坐，以证明释迦牟尼所说不虚，此为石窟中释迦多宝二佛并坐像的经典由来。佛经中讲多宝佛是已经涅槃的过去佛，而在这里，他与现在佛释迦牟尼坐在一起，按照当时禅学的解释，是表现了"佛寿无量、法身常存"的大乘思想和涅槃观，这是整部《法华经》的精髓要义之一，同时也是"法华三昧观法"中最重要的禅观对象。"法华三昧观法"传出后，随着法华信仰在中国的流行，也促进了禅窟、造像的发展。炳灵寺石窟中众多的释迦多宝佛造像和壁画，便是这一佛教背景的实例映证。

涅槃佛
足着帛屐

中国人有事死如事生的观念，艺术来源于生活，帛屐的出现是北魏服饰的写照。匠师塑造佛像时充分发挥想象力，给佛祖穿上了一双当时很高贵、很流行的木屐，创作出了一尊足着帛屐的佛像。

第 16 窟原址在下寺石窟群山崖最下面，俗称"卧佛院"，是一个长方形天然洞穴，北魏时期人工稍加平整后用土块砌筑佛床，佛床上泥塑释迦牟尼涅槃像，佛像经多次重塑。像长 8.64 米，右胁而卧，身后泥塑十尊弟子像（已失），窟外建有单檐硬山顶佛殿（已毁），周围有夯筑围墙。1967 年，国家修建刘家峡水库时，4 个洞窟的位置在设计水位以下，甘肃省文化局组织专家，对底层 4 个洞窟文物进行搬迁保护，第 16 窟在搬迁之列。

第 16 窟佛像表面为明代重塑层，佛像体量大。在当时条件下，搬迁难度大，专家组决定放弃搬迁。出于责任心，专家对涅槃像进行考古研究，

涅槃像 （2002年修缮后）

北魏（386—534）

第16窟

佛像身长8.64米

剥离表面重塑层后，呈现出唐代重塑层，剥离唐代重塑层后，展露出了北魏原作。据考证，这尊造像是国内现存北朝时期最大的涅槃像，且保存完整。后来在国务院文物督察员的支持下，专家组将塑像分割成九部分，装箱封存保护在第 144、145、146 窟中。1999 年将石窟对面的办公院改建为卧佛殿，2000 年佛像搬迁到卧佛殿内修复，2002 年涅槃像修缮后陈列展示。

"涅槃"是巴利文的音译，意为圆寂、灭度、寂灭、无为、解脱、自在、安乐等。佛教认为涅槃是一种不生不灭的特殊状态，进入涅槃的人，离开生命的痛苦，不再进入六道轮回，是修行者达到的最高境界。

东汉时期，印度佛教的涅槃思想传入中国。公元 5 世纪，中印度高僧昙无谶在北凉姑臧（甘肃武威）翻译出《大般涅槃经》，此经对后来涅槃思想的传播影响很大。佛陀为大众说法后进入永恒寂灭状态，第 16 窟涅槃像展现的就是佛陀寂灭时的状态。佛像面相略长，双眼紧闭，眉间有毫光，右胁而卧，左臂平伸，身着圆领袈裟，双足并拢，足着鞋，具有北魏秀骨清像的特征。第 16 窟佛像还有特别之处是足着鞋。

唐玄奘《大唐西域记》记载："人多徒跣，少有所履。"印度属热带或亚热带气候，气候炎热，人们习惯光脚行走，佛教造像也都赤足。我国北方属温带大陆性气候，天气寒冷，人们都有穿鞋的习惯，受印度佛教艺术的影响，佛像很少穿鞋。第 16 窟释迦涅槃像明代、唐代重塑层都不穿鞋，唯独北魏佛像足穿鞋，而且穿的是木屐，这种装饰很罕见。释迦涅槃像足长 1 米，足掌宽 0.40 米，脚趾残，足面上有两条宽 0.05 米、长 0.97 米十

字交叉的宽带,带系紧贴足面,足后跟外露0.19米,鞋底因多次重修已毁(现鞋底为后来补塑)。我国古代鞋的类型很多,为什么要给佛陀穿屐呢?

　　屐是鞋子的一种,通常指木底的,或有齿,或无齿,也有草制或帛制的。屐由两部分组成,一是屐底,由木料加工而成,大小与足相当,其上有数孔,称之为"木扁";二是屐带,是把足与木扁固定在一起的绳子或带子,称之为"系",二者结合在一起就构成了屐,人们习惯上称之为"木屐"。有的木底平直,没有齿,有的木底前后装有齿,用于践泥。

卧佛殿原址（红色标注处）

1988年，在浙江宁波慈湖遗址，出土了我国已知最早的两只木屐，距今有4000多年的历史。"屐"最早出现于春秋时期的历史文献，当时木屐已经是一种常服。汉魏时期木屐持续发展，东汉应劭《风俗通义》记载："延熹（158—167）中，京都长者皆著木屐，妇女始嫁至，作漆书五采为系。"汉代长者都穿木屐，木屐也是妇女出嫁时的必备鞋，人们对木屐很钟爱，在系上大做文章，漆画彩系，使屐的形式更加多样，色彩更加丰富。晋代名士阮孚（阮咸之子）癖好屐，还亲手制作屐，常上蜡修饰，故有了"阮孚蜡屐"的典故。南北朝时期，屐非常流行，女人也可穿方头屐，没有男女之分了。《宋书·谢灵运传》记载："灵运……登蹑常著木屐，上山则去其前齿，下山去其后齿。"谢灵运好游山赏水，为了登山行走方便，他把木屐进行了改造，上山时去掉前齿，下山时去掉后齿，尽量减少脚的倾斜度，走起路来更加轻松、舒畅。千里之行，始于足下，有了一双好鞋，大大提高了步行的速度。鞋，古代没有塑料制品，雨天行走时泥水浸湿布鞋，屐可以防水，还可以防滑，是当时的雨鞋。木屐选料、打蜡，做工讲究又耐用，还能登山、涉水，人们出行穿上它很方便，是当时很高贵很流行的一种鞋。

　　第16窟涅槃像足穿的是方头帛屐，佛穿帛屐与南北朝时期盛行屐有很大关系。中国人有事死如事生的观念，艺术来源于生活，帛屐的出现是北魏服饰的写照。匠师塑造佛像时充分发挥想象力，给佛祖穿上了一双当时很高贵、很流行的木屐，创作出了一尊足着帛屐的佛像。

第6窟北周造像与壁画

变革中的佛教艺术

炳灵寺第6窟中的北周造像，一改北魏后期秀骨清像的风格，转而呈现出一种丰圆敦厚的造型。

第6窟创建于北周时期，窟形呈平面横长方形，穹窿顶，窟门为纵长方形券顶。从壁面上的遗存痕迹来看，窟内原应有7尊造像，现仅存一佛二菩萨石雕像。

正壁的主尊佛低平肉髻，宽平短额，额间有白毫，双眼呈半月形平视前方，轻抿小嘴，唇角含笑，五官小巧而紧凑，集中于面部中央，使其面型更显丰圆饱满。颈部短粗，身着衣纹稠密的通肩大衣，大衣表面隐约可见彩绘的田相纹。双手腹前禅定，结跏趺坐于横长方形台基上。身后项光内彩绘缠枝花蔓及圆形和菱形相间的纹饰，背光内绘火焰纹。佛背项光两侧各浮雕一桃形项光，上彩绘火焰纹。由其所处位置和痕迹来看，可能为

正壁造像与壁画

北周（557—581）

第6窟

窟高2.00米，后宽2.95米，前宽2.20米，深1.94米

石雕二弟子或二菩萨像，像已不存，仅留凿痕。

南、北两壁各雕一胁侍菩萨，均戴花冠，额头扁平，面部特征与主尊佛相似，脖颈较长。身戴项圈、手镯，披巾于腹部十字形交叉，下着长裙，身后彩绘火焰纹项光。其中南壁菩萨右手下垂提净瓶，左手下垂持桃形念珠；北壁菩萨右手上举于胸前，拇指和食指夹一宝珠，左手于腹部握一长圆形持物。二菩萨外侧靠近窟门的位置，各残存一造像凿痕，但未见有背项光，体量痕迹略小于菩萨像，为2身供养人像的可能性较大。佛、菩萨像面部均有贴金痕迹。

窟内壁画为北周原作，窟顶地仗层脱落殆尽，残存的小块壁面上绘有飞舞的飘带，应该是飞天。正壁在主尊佛项光上方绘有自窟顶延伸下来的华盖垂蔓。窟内四壁绘小千佛，均着通肩袈裟，结跏趺坐于覆莲台上，双手腹前禅定，外面以袈裟包裹，身后彩绘尖桃形项光，上绘火焰纹。每尊佛之间以树相隔，排列整齐有序，共计746身。树下千佛像的表现形式在其他石窟较为少见。在千佛丛中，北壁上方以稍大的画面绘有三尊佛，南壁上方绘有四尊佛，共同组成七佛。七佛均有竖条状榜题，低平肉髻，面型丰满，身着通肩大衣，结跏趺坐于莲座上。四壁下方绘山林，其中南壁下方画面较清晰。林中有数只猴子在山岩树丛中攀跳，几只喜鹊在枝头栖息。画面略显粗犷写意，构图简洁。

宇文氏建立的北周存国时间仅24年，在我国悠久的历史长河中如昙花一现，但在佛教史上仍留下了其浓墨重彩的印记，造像具有明显的时代

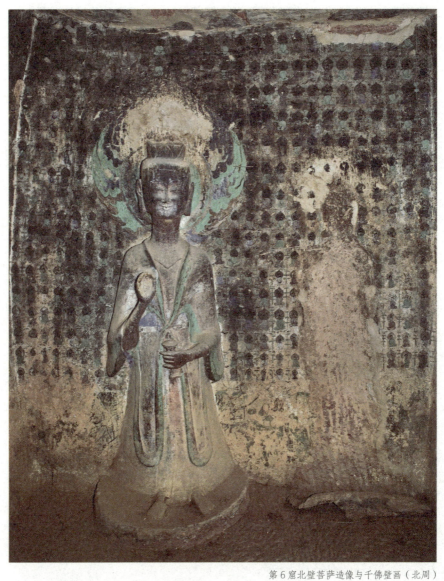

第 6 窟北壁菩萨造像与千佛壁画（北周）

第 6 窟南壁菩萨造像与千佛壁画（北周）

转型特征。炳灵寺第6窟中的北周造像，一改北魏后期秀骨清像的风格，转而呈现出一种丰圆敦厚的造型，衣纹稠密贴体，额部、肉髻低平。

南北朝时虽战乱不断，朝代更替频繁，但佛教艺术在各国统治者的支持下仍获得了很大的发展。北齐画家曹仲达所绘人物"其体稠叠，而衣服紧窄"，在吸收秣菟罗艺术的基础上创建了"曹衣出水"式风格；南朝萧梁画家张僧繇采用"没骨"法创造的人物形象丰腴敦厚，人称"面短而艳"。各国艺术家引领的绘画风尚对当时和后来的佛教美术都产生了深远的影响。炳灵寺第6窟内的造像，便是新的艺术审美对北魏中晚期以来定型了的造像模式的创新改造。

在佛教内容上，第6窟以塑绘结合的形式展现了禅定佛、七佛、千佛，题材上依然承继了西秦以来的禅学。窟内最下层的猕猴图，因画面残损不全，难以认定是否为猴王本生图，或许只是表现了法会上林中动物闻法后雀跃欢欣的场景。

第64龛造像

历经战乱的残缺之美

第64龛为炳灵寺唐代造像中最具艺术感染力的精品之作，那屹立于崖壁上的断臂残肢，依然难掩其精美绝伦的艺术魅力，给人一种震撼心灵的视觉冲击力！

第64龛开凿于唐代，为一立面横长方形斜披顶浅龛。龛内高浮雕一佛二菩萨二天王像。佛磨光高肉髻，眉间有白毫，面型丰圆，慈容庄严。颈刻三道纹，着右袒式袈裟，下着裙，立于半圆台上，双前臂均已残失。身后浅浮雕出圆形的背项光，项光两侧残存两片已褪色为黑色的流云。二菩萨云鬟高耸，蛾眉凤眼，面型丰润秀美，一个嘴唇轻闭，一个微启露齿，恰似人间典雅娴静的少女，身后浅浮雕出舟形项光。二菩萨双臂及双手均已残失，仅剩轮廓。飘带绕臂而下，衣纹简洁流畅，衣饰干练朴素，头微微侧倾，身躯呈较大幅度的"S"形，腰肢婀娜，姿态曼妙，如弱柳扶风，赏心悦目。有人常形容唐代的菩萨说"菩萨如宫娃"，此龛造像便是最好

一佛二菩萨二天王造像

唐（618—907）

第64龛

龛高1.18米，宽1.48米，深0.35米

的写照！最外侧浮雕两身天王，右手上举作托举状，手及持物已毁，左手叉腰，身着铠甲，脚蹬长靴，各自踩踏在一夜叉身上，头部及北天王躯体均遭到严重破坏，仅残存轮廓，但仍不失其铿锵有力的勇猛之势。夜叉吐舌瞪眼，形容丑陋，跪伏于地面，双臂上举托住天王脚。这组造像雕刻技艺精湛，手法纯熟，个性饱满，是唐代雕塑艺术家追求"以形写神"最高境界的反映。

龛上方崖面上有一方阴刻题记，刻文大多已漫漶难辨。最末一行记为"……仪凤三年十月□□刑部侍郎张楚金撰……"可知碑文内容出自唐仪凤三年（678）时任御史大夫张楚金之手，其下方第 64 龛内的造像应该也是他途经炳灵寺时捐造的功德龛。

张楚金为并州祁人（今山西祁县人），《新唐书》中记载其"有志行，与兄越石皆举进士。州欲独荐楚金，固辞，请俱罢。都督李勣叹曰：'士求才行者也，即能让，何嫌皆取乎？'乃并荐之。累进刑部侍郎。仪凤初，彗见东升，上疏陈得失，高宗钦纳，赐物二百段……"

从崖壁上残存的刻文来看，似乎提到了有关唐蕃间战事的情况，同时也生动描绘了炳灵寺险峻秀丽的自然环境和佛教盛况。炳灵寺地处唐蕃古道上的军事、防御要津，御史大夫张楚金此行来炳灵寺，可能与当时的政治、军事外交情况有关。身为唐王朝的高层管理者，由张楚金主持捐造的造像龛，必然代表了当时的最高工艺水平。从龛内造像风格来看，均衣饰简练概括，菩萨摆动着比同时期的中原造像跨度更大的"S"形躯体，完

张楚金题记

唐（618—907）
第64龛
刻文高1.60米，宽1.50米

第64龛北侧胁侍菩萨（唐）

第64龛南侧胁侍菩萨（唐）

全没有中原造像华丽繁缛的装饰效果，明显是炳灵寺当地匠师的杰作。说明张楚金在捐造此龛时指派的就是当地匠师，对造像的粉本模式没有做更多的要求。

第 64 龛为炳灵寺唐代造像中最具艺术感染力的精品之作，可惜受到严重的人为破坏，那屹立于崖壁上的断臂残肢，依然难掩其精美绝伦的艺术魅力，给人一种震撼心灵的视觉冲击力！ 1981 年，炳灵寺石窟保护专业人员将掉落到地上的北侧菩萨头部粘接复原；1990 年，又对南侧菩萨的右臂和左肩进行了保护性粘接。

除了第 64 龛外，炳灵寺石窟中还有许多佛教遗迹曾遭炮轰火焚。如第 147 窟、145 窟等大中型洞窟中的造像，均已面目全非，残破不堪！这座曾经钟磬鼎盛的千年佛寺究竟遭遇过怎样的劫难呢？关于这段历史因由，在南距炳灵寺约 1.5 公里、绝壁而起、三面临河的一座险峻孤岛——扎地山上有一块石碑，上面记载道：

盖闻天下之久矣，一治一乱。如此扎地，四面石崖，顶有白土。天然生成此路一条，是乱时难民逃匪之扎地。大清乾隆四十六年（1781）一乱，同治七年（1868）一乱，光绪二十一年（1895）一乱，三乱三扎，坚固未破。即今民国十七年（1928）又一乱，众生公议，修成凌云桥、上天梯，创修庙宇，伏祈神佑人，敌奈无果。大首领人从甘肃军械局领来大小枪支，火药炸弹，以备匪敌，保全性命。恐后湮灭，故注此序，以为古迹。民国十九年。

第 147 窟南壁天王、菩萨造像（唐）

据碑记所载，自乾隆后期至民国时期的近三百年间，因河湟之乱，炳灵寺也兵灾频发，以致当地群众在万夫难克的扎地孤岛上修庙祈佑，并储备枪支弹药以自保。在匪乱强攻之下，此处"三乱三扎，坚固未破"，显然是起到了避难作用。但炳灵寺石窟却在战乱中遭到沉重打击。

对于上述兵乱，各类文献中也多有记载，均为清末以来西北地区民族矛盾和晚清政府的腐朽统治而起。其中以同治之乱持续的时间最长久，带来的灾难性破坏最严重。炳灵寺石窟中许多珍贵的大型洞窟被引爆，像废画毁，几乎所有的殿宇佛堂僧舍都被付之一炬。这座曾经几度辉煌灿烂的千年佛寺遭遇了有史以来最致命的伤害，第64龛等窟龛中的造像也难逃此劫，成为令人痛心的历史之殇！

第31 龛造像

独具魅力的『长安模式』

魏晋以来不断本土世俗化的中国佛教，在唐王朝全面兴盛的文化背景下，结合印度笈多艺术、西域佛画后创新变革而成的『长安模式』迅速影响到全国石窟。

第31龛位于石窟群靠近中部下层，为一平面长方形斜披顶浅龛，龛内高浮雕一佛二弟子二菩萨立像。佛磨光高肉髻，面相丰圆，颈刻三道纹，内着僧祇支，外着双领下垂式袈裟，下着裙，左手施与愿印（佛教印相之一，掌心向外五指并拢展开，表布施、赐予、施与，能令一切众生诸乐圆满之意），右手于胸前捧钵，立于半圆形台基上。佛左侧弟子面容饱满，清秀俊朗，身体与头部略微侧倾，双手相握于腹前，足部穿鞋立于半圆台上，呈现出一种年少无邪、纯善聪慧的神情姿态；右侧弟子袖手于腹前，胸前敞开的衣领内露出排排条形肋骨，双脚穿鞋端立于半圆台上，展现出一位苦修长者睿智豁达、老成持重的精神境界。二菩萨高发髻，额前头发

一佛二弟子二菩萨造像

唐（618—907）

第31龛

龛高1.06米，宽1.43米，深0.22米

以人字形分开两边，肩部长发下垂，袒上身，戴项圈、臂钏，下着贴体长裙，轻摆腰肢赤脚立于半圆台上，飘带自膝前绕过穿臂垂下。左菩萨左手腹前捧一持物，右臂自然下垂手握飘带，右菩萨左手腹前捧持物，左臂下垂手提净瓶。

龛内各像均面带笑容，丰颐和悦，气韵生动，造型准确，衣纹写实流畅，展示出纯熟高超的雕刻技艺。

大唐包容开放的胸襟，不仅开通并繁荣了唐蕃古道，也使丝绸之路上的东西交流更加频繁。魏晋以来不断本土世俗化的中国佛教，在唐王朝全面兴盛的文化背景下，结合印度笈多艺术、西域佛画后创新变革而成的"长安模式"迅速影响到全国石窟。地处这两条文化通道交汇处的炳灵寺也迎来了空前的繁盛阶段。据统计，炳灵寺石窟现存窟龛中三分之二以上为唐代作品。

这个时期，以释迦、弥陀、药师、弥勒等佛为主尊，两侧胁侍菩萨、弟子或天王的净土题材成为炳灵寺石窟造像的主题，第31龛便是其中的精品之一。此时，体量最大的佛像高达27米，最小的不过10厘米，均为磨光高肉髻，面相丰圆，颈刻三道纹，慈容安详，衣纹阳刻；菩萨一改如陕西宝庆寺中姚元景所造长安造像、苏常侍造印度佛像装饰华美的特点，仅戴项圈、臂钏，袒上身，展露比长安造像尺度更大的笈多式"S"形曼妙腰肢，下着"曹衣出水"式轻薄贴体的长裙，自然奔放、淳朴柔美、精巧生动，成为中国石窟中独具魅力的艺术造型；一老一少的胁侍弟子，开

陕西西安宝庆寺姚元景造如来三尊造像（唐）

苏常侍造印度佛像

始大量出现于佛的两侧，对不同人物面颊、五官、神态、身姿等细节的成功刻画，表达了唐代艺术家"以形写神"的审美情趣，和佛教艺术进一步融于社会世俗生活的发展态势。

一般石窟造像中佛、弟子与菩萨多见为赤脚的造型。汉末安世高所译《佛说处处经》中指出佛不穿鞋的原因：一是作为修行者的榜样，鼓励大家克制物欲；二为示现足下法轮宝相；三是以庄严足相令人见之而心生欢喜。经中还解释说佛不仅不穿鞋，而且走路时双足离地四寸，其因也有三：一不伤害地上的虫蚁，二不踩踏青草，三为示现神足。佛陀在世时的古印度，气候炎热，生产力低下，唐玄奘《大唐西域记》中也记载说"人多徒跣，少有所履"。

佛教传入中国后，经过长期本土化、世俗化的发展演变，至唐代时逐渐嬗变为具有中国文化特色的宗教艺术，受本土气候条件限制和传统习俗约束，僧侣们无法像热带地区出家人那样赤脚出行，但在藏传佛教中，至今还保留着有时拜见活佛前摘帽脱鞋的习俗。炳灵寺唐宋之前各时期洞窟中的造像均为赤脚，至唐代时第31龛中的二弟子脚穿僧鞋，展现了中国本土文化对古印度外来传统的改造和变革。

第61龛供养人壁画

石窟里的人间烟火

供养人和无名的工匠为着共同的宗教信仰和精神追求而勠力开龛造像，虔诚奉佛，功德不绝。

第61龛位于石窟群二层栈道靠南侧，为一平面马蹄形平顶低坛基小龛，造像与壁画均为唐代原作。龛内石雕一佛二弟子二菩萨立像。佛磨光高肉髻，额部有毫光，颈刻三道纹，右手于腹前托钵，左臂下垂手提衣角，立于半圆台上。二弟子一老一少，内着僧祇支，外着双领下垂式袈裟，袖手侍立于佛两侧。二菩萨高发髻，面型圆润清秀，戴耳环、臂钏、项圈、手镯，袒上身，下着贴体长裙，躯体呈"S"形立于半圆台上。佛身后背项光和菩萨、弟子身后项光内均彩绘以石绿为主的缠枝花纹，渲染出一种华丽且充满动感的视觉效果。龛顶彩绘两身手捧供物翱翔于流云间的飞天。众造像背项光之间中上部绘石榴状、梅花状等的花树，树上见飞鸟，树下

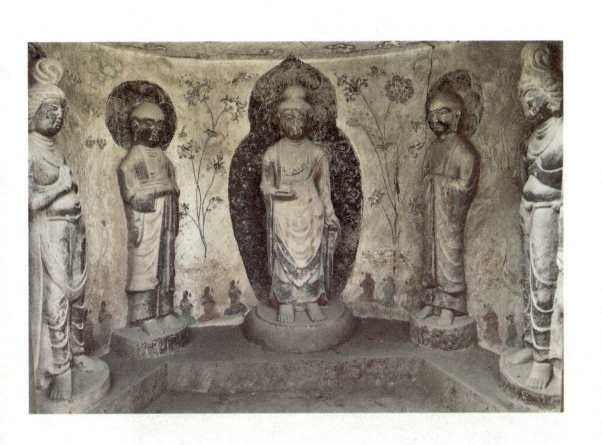

一佛二弟子二菩萨造像与供养人壁画

唐（618—907）

第61龛

龛高1.30米，宽1.42米，深1.01米

绘蜿蜒起伏的山峦；下层南、北两侧共绘 13 身供养人，均双手合掌，手执莲花，跪向中间主尊佛，身着红、绿等各色服饰，身躯丰腴圆润，姿态虔敬恭顺。画工以形态各异的花树、草木、山峦、流云，及龛顶舞动的飞天，营造出一种空旷、充满艺术遐想的宗教信仰空间。

龛内供养人头面部及部分供养人服饰已褪为黑色，五官及冠饰不清。从服饰色泽来看，此 6 人上身着长袖内衣，上搭披帛，下身穿高及胸腹部的长裙，为唐代妇女常见的装束，应该是 6 位女性供养人。北侧壁 7 身供

第 61 龛北壁男供养人壁画局部（唐）

养人头面部大致为圆形，均着通体长袍，应该都是男性，其中靠后的3身躯体略小于前4身，似为族中晚辈或侍从等身份地位略低的人。

石窟中的供养人，或称功德主，是出于宗教信仰而出资开凿石窟、雕凿佛像、描摹壁画的人。为了表示虔诚、留记功德和名垂后世，供养人往往会在洞窟的特定位置摩画或书写上自己和家族、亲眷、奴婢等人的肖像或名字，以示虔诚奉佛，时时供养，功德不绝，称为供养人像。他们中间有权势显赫的官吏，甚至是皇室望族，也有普通百姓。他们把自己的形象

第61龛南壁女供养人壁画局部（唐）

画在窟龛壁面上，表示该窟的菩萨佛像由他们供养。由于供养人画像根据现实人物所作，且大多有题名或发愿文等，图文并茂，直观明了，为研究洞窟的创建年代、雕凿者身份、当时的社会状况、宗教信仰及雕刻绘画工艺等提供了重要资料，因而成为石窟中重要的内容之一。

炳灵寺第 61 龛中绘出的 7 男 6 女共 13 位供养人，以中间的主尊佛为礼拜对象，男、女分开两边，双手捧花于胸前，长跪地面虔诚供养，应该是某个家族中的族人或同乡共同集资开龛，只可惜他们并没有留下自己的名讳。鉴于此龛为小型浅龛，猜测这是一个财力有限的寻常百姓家族，为着共同的宗教信仰和精神追求而勠力开龛造像。虽没有具体的姓名，但通过龛内众供养人画像的着装服饰，可知此龛为当地秉承中原传统文化的汉族百姓所开，龛内具有明显中原模式的造像与壁画，也反映了这一文化背景。

供养人是开凿窟龛的捐资者和主导者，那么窟龛的具体营造者又是谁？他们在造像绘画的过程中又扮演着什么样的角色呢？

在一个洞窟的营建中，有专司凿刻造像的塑工、描摹画像的画工、书写发愿文的知书手等，他们往往受雇于寺院，听命于不同的功德主，按照他们的意愿塑佛绘像，将他们的形象以身份地位的高低不同绘制于窟龛内特定的位置，展现他们的功德和名望。而塑工、画工等人的名字却很少能出现在洞窟中，他们仅仅凭借自己精湛的技艺，谋求得以生存的资财。

千年历史弹指而过，如白驹过隙！当年那些凿刻绘彩苦心经营石窟的塑工、画工们早已湮没在历史的云烟中，只留下他们用来向功德主交差的作品依然惊艳着世人。《佛说造立形象福报经》中载："天下人民能作佛形像者，其后世所生之处，眼目净洁面貌端正，身体手足常好柔濡……作佛形像所生之处无有诸恶，身体具足死后得生第七梵天上……作佛形像后世常生势尊贵家，受其气力与世绝异，在所生处不堕贫家……作佛形像其福甚多，多四天下江河海水过出十倍，后世所生常护佛道……作佛形像，死后不复入于地狱畜生饿鬼诸恶道中……"

　　按照佛典的描述，他们又何尝不是于默默无闻中为己身和佛教艺术的传承与发展做出了无量功德呢？

炳灵寺石窟四大天王造像

威武雄壮、姿态各异的守护神

人们塑造、摩画、供奉四大天王，祈愿在获益护持、增益、除障的宗教功能之外，亦得风调雨顺、五谷丰登、国泰民安，四大天王遂成为石窟中广受推崇的佛教造像。

天王是佛教天龙八部护法神之天部中的重要成员，寺院中多供奉四大天王，分别是手持琵琶的东方持国天王、手握宝剑的南方增长天王、手捉长蛇的西方广目天王、手持宝伞的北方多闻天王。佛经中讲，须弥山腹有一山，名叫犍陀罗山，四大天王便住在此山四方四山头，各护四大部洲众生，即东胜神洲、南赡部洲、西牛贺洲、北俱芦洲，故又称护世四天王。其中东方持国天王住在东胜神洲，名号"持国"，意为慈悲为怀，保护众生，护持国土；南方增长天王住在南赡部洲，名号"增长"，意为能传令众生增长善根，护持佛法，西方广目天王住在西牛贺洲，其名"广目"，意为能以净天眼随时观察世界，护持人民；北方多闻天王住在北俱芦洲，名号

第92窟南壁南方增长天王像（唐）

"多闻"，谓之以福德广闻于四方。

在炳灵寺石窟中，唐代之前鲜有天王的造像或绘画，自唐代起，威武雄壮、姿态各异的天王像开始大量出现在窟龛最外侧的位置，以示其护持除障的宗教功能。

在唐代第92窟南、北两壁最外侧，分别石雕一尊持剑增长天王和一尊托塔多闻天王。其中南壁的增长天王磨光高肉髻，头戴抹额、护耳套，怒目圆睁，绘胡须。身着甲胄，脚蹬长靴，膝部戴吻兽状护膝，左手持剑，右手虎口张开曲臂上指，双脚一高一低踩踏一夜叉。夜叉牛头人身，双耳竖起，双腿曲膝下蹲于须弥座上，双手曲臂向上托住天王的双脚。北壁托塔天王波发高髻，怒目咧嘴，身着盔甲战袍，右手托举一宝塔，左手叉腰，脚穿长靴踩踏在一发丝上扬、形貌丑陋的夜叉身上。二天王均威武雄健，气势逼人。

佛经中所讲的多闻天王原本手持宝伞，因其在佛教中国化的传播进程中，逐渐与道教和民间神话中的英雄"李靖"相融合，从而出现了托塔的造型。炳灵寺石窟中除第92窟外，唐代第91等窟中也出现了一手托塔、一手叉腰的天王造型，便是佛教长期受中国传统文化影响后本土化的北方多闻天王形象。

又因多闻天王兼职司财的职能，藏传佛教中常见为一手持宝伞、一手捉宝鼠的形象，又称毗沙门天。炳灵寺洞沟区第5窟的明代壁画中，便有一尊轮王坐于白狮身上的毗沙门天，髭须浓眉，头戴宝冠，发顶结髻。身着红黄相间的战袍，脚蹬长靴，右手执宝伞，左手捉宝鼠，神情不怒自威。

第92窟北壁北方多闻天王像（唐）

第 91 窟南壁北方多闻天王像（唐）

洞沟第5窟毗沙门天王壁画（明）

　　第91窟中与南壁托塔天王对应的北壁窟口处，雕刻的也是右手持剑、左手叉腰的南方增长天王。二天王分别踩踏在或坐或趴于地面的裸体夜叉身上。佛典中记载说，四大天王在护持四大部洲的过程中，北方多闻天王统率着夜叉部，东方持国天王统率乾达婆（乐神），西方广目天王统率龙族，南方增长天王统率鸠荼槃、薛荔多等鬼神部众。第91、92等窟中二天王脚下的夜叉鬼怪即代表他们分别统领的部众。

第 91 窟北壁南方增长天王像（唐）

第29窟南壁南方增长天王像（唐）　　　　　第29窟北壁北方多闻天王像（唐）

　　炳灵寺唐代窟龛中的天王像，有时候也并没有严格依照佛典记载来塑
造。如第29窟窟外两侧，南壁为双手握剑、脚踩夜叉的增长天王，北壁
则是一尊踩踏于夜叉身上，左手叉腰、右手托举须弥山的天王。参照前面
二窟中南、北二天王对应出现的布局判断，这应该是北方多闻天王。此外，

在第 148 窟中，南壁天王以左手握住右腕，脚踏代表须弥山的岩石；北壁天王以右手托举须弥山，脚踏须弥山岩石。二天王手中都没有持物法器，相反却突出了须弥山的存在。第 10 窟中现存的南壁天王，蹙眉瞪眼，身着甲胄，右手似乎握着支于地面上的宝剑剑柄，但剑已断裂残失。左手压在右手背上，身躯微倾立在方形台基上。以上种种造型说明，唐代时随着

第 148 窟南壁天王像（唐）

第 148 窟北壁天王像（唐）

佛教本土化、世俗化的演进，艺术家们在塑造天王的形象时，根据自己对佛典的感悟和理解，有了更多的主观创造性。

炳灵寺石窟第 70、126、128、132 等窟明代重绘的藏传佛教壁画中，均绘有手持琵琶、宝剑、宝伞和蛇的四大天王画像，肤色各有差异，可惜因烟熏、起甲脱落等病害，已不甚清晰。保存于洞沟区第 5 窟外室北壁的两身明代天王像，西侧为双手弹奏琵琶的东方持国天王，东侧为手中握蛇的西方广目天王。均戴头盔，盔缨迎风飘荡；甲胄加身，孔武有力，威风凛凛！身后彩绘项光及以蓝天为背景的火焰形云纹。按照窟形格局和对称性原则，第 5 窟外室南壁原来应该绘有北方多闻天和南方增长天，可惜现已不存。

佛典中记载说，祈供四大天王可得诸多福德、财运，振兴事业及权势，遣除修法中内外诸障，饶益一切善法功德。唐宋以来，随着《毗沙门天王经》等诸多有关天王经卷的增量译出，对于四大天王的信仰逐渐深入人心，并在佛教中国化的进程中，执剑、琵琶、持伞、捉蛇的南、东、北、

第 10 窟南壁天王像（唐）

洞沟第5窟外室北壁东方持国天王与西方广目天王壁画（明）

西四大天王，被以农耕为生的中国百姓赋予了司职"风、调、雨、顺"的寓意。人们塑造、供奉四大天王，祈愿在获益护持、增益、除障的宗教功能之外，亦得风调雨顺、五谷丰登、国泰民安，四大天王遂成为石窟中广受推崇的佛教造像。

第171龛弥勒佛

丝绸之路上的大佛

造像面型丰圆，神态庄重，身着覆搭右肩袈裟，左手置腹部，右手抚膝，善跏趺坐，体态雄浑伟岸，造型朴实庄严，是炳灵寺石窟中体量最大、最具代表性的大佛。

　　第171龛弥勒大佛为摩崖浅龛浮雕大像，上半身依山石雕后表面覆以泥塑层，下半身以泥塑为主，是唐开元十九年（731），以陇右群牧使兼凉州观察使薄承祧为首的大批陇右官员共同参与营建的。

　　造像面型丰圆，神态庄重，身着覆搭右肩袈裟，左手置腹部，右手抚膝，善跏趺坐，体态雄浑伟岸，造型朴实庄严，是炳灵寺石窟中体量最大、最具代表性的大佛。北宋李远所著《青唐录》中对其有这样的记载："寺有大阁，附山七重，中有像，刻山为之，百余尺。"说明佛前原建有七层楼阁，后毁于兵燹。依据历史资料判断，七层佛阁毁于北宋与西夏之争的可能性比较大。又据炳灵寺现存的一块石刻《大明碑》记载，明弘治三年（1490），

弥勒倚坐像（2013年修缮后）

唐（618—907）
第171龛
佛高27米

2011 年修缮前的第 171 龛弥勒大佛

僧官都纲三竹坚粲重建了救度佛洞、大佛阁等。从炳灵寺保存的《炳灵寺弥勒圣地图》布画中可见，大佛前有汉藏结合式的九层楼阁建筑，应该就是弘治年间所建的大佛阁，可惜九层汉藏式佛阁也没能摆脱战争的破坏，焚烧于晚清以来的民族纠纷中。如今在大佛身周的崖壁上，依然能看到当时建造佛阁时留下的一圈袱孔桩眼。20世纪60年代，文物部门在刘家峡水库建成蓄水前进行考古清理时，在大佛脚底的平台上清理出了大佛阁的柱础、地砖及部分墙垣等建筑遗址，广约20米，为三开间绕廊建筑。

弥勒倚坐像是弥勒下生信仰的佛教表现形式。佛经称弥勒将从所居兜率天下生此婆娑世界，在龙华树下三会说法，接替释迦牟尼成佛救渡众生。《佛说弥勒下生经》对弥勒掌管的净土世界作了美妙的宣扬，称住在弥勒净土的人们，欲如厕时地面自开，事讫而合；土地自然生米、树上生衣；人心和顺，相见欢悦；人寿八万四千岁，女子五百岁出嫁，等等。

北朝时期即已出现了代表弥勒下生信仰的倚坐佛，唐武则天时命法朗等伪作《大云经》，宣称武后为弥勒转世下生，为其篡位登基制造舆论。加上唐朝国力强盛，财力雄厚，一时出现了在全国各地广造弥勒大佛的气象，四川乐山大佛、敦煌第96窟北大像等都是这一时期享誉中外的倚坐弥勒大像。

与大佛阁的两度重建一样，受创于历史硝烟的炳灵寺第171龛大佛也经历了明代重修和现代的多次修缮。现存大佛额部底层露出的波纹肉髻为唐代原作，表面被火烧碳化的螺形肉髻和顶严为明代覆压的重修层；面部和耳部还残留有唐代初凿时表面贴敷的金粉，袈裟表面残存有明代以沥粉堆金工艺装饰的纹饰图案。2011—2013 年，国家文物局投资修缮治理大佛面部、手部、脚部等重点病害位置。在近距离观察施工过程中，发现大佛顶髻上的泥塑严宝以白色麻布紧紧包裹，其上尖顶处一破损洞口内现出一部卷成筒状后用黄布缠裹竖装的藏文佛经残卷。此外在明代重塑的大佛螺髻内，掺杂有已经碳化的麦粒、残香等物质。

佛体内装进佛经等吉祥物是佛教装藏的一种形式。佛教认为佛像、佛塔等只有经过内部装藏加持后才会具有灵性和神力。《造像量度经》八（装藏略）中对装藏内容和程序作了详细的规定，其中提到佛体内装进经卷为法舍利装藏的常见仪式。其规定为："一切吉祥真言，竭力安之更佳。藏中所用真言，或梵字，或汉文，皆宜横书，尽容于一行内，其余行另书他咒……不论其文，或自尾向上，或从头往下，紧卷之，以净糊封口，形如爆竹，记其上下，不可颠倒，倒则犯火灾。卷毕，以黄绢裹之，始终要洁净……"

此外，装藏还需有五宝（金、银、珍珠、珊瑚、青金石），五甘露（蜂蜜、石蜜、乳、酪、酥油），五药（基蒲、仙人掌、苦参、乌贼、藤梨），五谷（稻、大麦、小麦、绿豆、芝麻），五香（白檀、沉香、肉寇、龙脑香、郁金香）。将这些五谷杂粮、药材和金银珠宝都碾成颗粒混在一起装入佛藏，可使佛像不散不朽，不生蛀虫。上述装藏之物并非绝对一样不能差，有时也可用其他代用品。

可见，大佛顶髻上严宝内的藏经为严格依照经典仪轨所装的法舍利藏。螺髻下面发现的麦粒与残香也应该是所装五香和五谷宝藏中的残余物。又因为此严宝是明代常见的尖顶造型，说明明弘治年间重修大佛时还进行了隆重的装藏仪式。

　　尤为可贵的是，在佛前额正上方的螺髻间，半包裹状镶嵌着一颗透明无色呈玻璃光泽、不规则蛋形的水晶宝石。经专业红外光谱测定法和实验室取样分析后鉴定估值，该宝石属石英族矿石中的透明水晶，横宽 72.2 毫米、体高 88.5 毫米，体重超过 100 克拉，硬度为 7。水晶表面未经打磨，呈现天然的刻面，体内矿物包裹体较少，透明度高，但裂隙较多，是体量较大较为罕见的水晶宝石。因水晶有磷光，所以水晶宝石又被称作是"菩萨石"。这是因为古代佛教人士觉得水晶这种古老矿石有"五彩祥云"的"佛光"，因而被视为"菩萨"的化身，能佑庇人们。所以佛头上出现水晶宝石，也符合修佛者和信徒的心愿。

　　炳灵寺大佛在国内大佛造像中也占有不可忽视的地位，是古丝绸之路与唐蕃古道沿线上重要的历史文化遗存。

第二窟塑绘艺术
庄严祥和的璀璨佛宫

弟子、菩萨胁侍两侧、千佛环绕其周、天女散花供养、巨莲与华盖遍覆虚空！不同的佛教尊像形态各异，个性饱满，动感十足，向人们呈现了一座庄严祥和的璀璨佛宫！

炳灵寺第11窟开凿于唐代，为一平面马蹄形平顶窟，窟内高坛基上原有石雕一佛二弟子二菩萨二天王像。清同治以来西北地区发生社会动乱时殃及炳灵寺石窟，第11窟中除主尊佛外，其他造像都不同程度地被破坏。北壁天王像原断成三部分，炳灵寺文物保护工作人员于1981年粘接修复后搬迁到文物库房保存。

唐朝是中国古代社会的昌盛时期，政治稳定，经济发达。随着丝绸之路的更加畅通无阻和唐蕃古道的开通，对外交流也更加频繁，各种文化艺术更是异彩纷呈，璀璨夺目，佛教的发展也在此时达到了空前的高涨阶段。经过初唐和盛唐两个时期的蓬勃发展，石窟造像与壁画的创作在经历了本

佛、菩萨造像与千佛、圣树壁画

唐（618—907）

第11窟

窟高1.90米，宽2.25米，深1.90米。坛基高0.42米，宽0.30米

土化、民族化、世俗化的长期演进后，更趋向于丰富成熟，形成了明显具有中国传统文化特色，同时又蕴含着外来表现手法的艺术形式。中国"曹衣出水"和"吴带当风"的艺术风格也影响到这一时期的石窟艺术创作，使之展现出一种自然纯美、活泼跃动的清新气象。

窟内正壁主尊为释迦牟尼佛，面相方圆，颈刻三道纹，左手腹前结禅定印，右手于右膝部施降魔印，结跏趺坐于束腰方座上。身着袒右肩袈裟，衣纹线条简洁流畅，顺滑自然，雕刻刀法纯熟洗练。

第 11 窟南壁菩萨造像与弟子、千佛壁画（唐）

第 11 窟北壁菩萨、弟子、千佛壁画（唐）

现存南壁菩萨面型丰圆，云鬓高耸，袒上身，戴项圈，披巾自双肩搭下，穿肘后再搭于腕部。双手在腹前相握，身躯略作"S"形，姿态优雅端庄。下身所穿绿色碎花的长裙紧贴于腿上，好像刚刚破水而出，透过那滑动的衣纹隐约可见其丰腴健美的躯体线条。这种对衣纹线条的处理方式与北齐画家曹仲达在吸收了古印度笈多王朝马吐腊艺术风格后所创的人物衣饰格调相一致，因此以别具一格的"曹衣出水"式风格给人一种耳目一新的感觉。看着这尊雍容华贵、和悦恬静、极具女性美的菩萨形象，一位盛世唐朝中高贵典雅、温婉柔美的贵妇人几乎要呼之欲出。

窟内壁画保存基本完好。主尊佛头顶绘华盖，流苏下垂，纹饰华丽。背项光两侧各绘一棵多罗树。多罗树是佛教中常见的圣树之一，属棕榈科乔木，多生长于印度、缅甸、斯里兰卡等地，树干高大，枝叶繁茂，据说

第11窟窟顶莲花藻井与飞天壁画（唐）

佛常在此树下讲法。其叶形似棕榈树，叶子长而且直。在纸张还没问世之前的古代印度，佛教徒们常将多罗树叶截成长条后在上面书写经文，然后将成束的叶片穿孔后连接起来，两边再用木板相夹，集结成册，称之为"贝叶经"。

　　南、北两壁石雕弟子和菩萨之间的壁面上各绘有一菩萨一弟子像。菩萨均高发髻，戴花蔓冠，秀发披肩，戴耳环、项圈、臂钏、手镯，上身袒露，斜披璎珞。下着薄纱透体的红色长裙，明显可见裙下挺拔纤美的双腿。

南、北两壁的弟子像内着黑袖衫，外着红色田相纹袈裟，脚穿土红色圆口鞋，手中分别持如意和经卷，面向佛虔诚侍立。除此之外，两壁画面中还残留着约四十余身千佛画像，均作禅定印，结跏趺坐于覆莲座上。

窟顶正中彩绘莲花藻井，莲花周围绘5身飞天，均袒上身，下着裙，右手捧花，首尾相接，旋转飞舞，飘带似兰叶劲健连绵，自双肩向后飘扬。盛唐时的著名画家吴道子以在墙壁上善画佛道人物故事画享誉天下，他所独创的兰叶描绘画技艺和吴带当风的艺术风范更是开一代画坛之先河。如今，吴道子的真迹已难以寻觅，但第11窟中这5身由当时的民间画匠模仿吴风所绘的飞天，形体舒展灵活，身姿轻盈洒脱，飘带飞扬之处给人一种绚丽多姿、满壁风动的视觉效果，与西秦古拙质朴的飞天造型形成鲜明的对比，在一定程度上让人们领略了"吴带当风"的艺术魅力。

第11窟以塑绘结合的形式，动态地展现了释迦在多罗圣树下修道的场景：弟子、菩萨胁侍两侧，千佛环绕其周，天女散花供养，巨莲与华盖遍覆虚空！不同的佛教尊像形态各异，个性饱满，动感十足，向人们呈现了一座庄严祥和的璀璨佛宫！

何灌题记

一代名将游窟记

那年的隆冬时节，何灌一行12人，早晨从河州出发，跨过河面上的冰桥，游览炳灵寺胜景。

题记为摩崖刻文，竖刻于第149窟南侧，全文共7行，每行10字。题记下方边缘刻有莲花纹饰。题记自右向左内容为：

上受宝圭之元年十二月／二十三日洮西守将何灌／率王安陈永刘德修程之／仪高公亶胡礼彭寔詹至／李□仁孙昌符单觉民裴／硕何天任晨发郡城绝冰／河尽灵岩胜槩乃还

何灌（1064—1126）为北宋时期著名的武将，以善骑射而留名史册。《宋史·何灌传》中对其有详细的记载："何灌，字仲源，开封祥符人。武选登第，为河东从事。经略使韩缜语之曰：'君奇士也，他日当据吾坐。'为府州、火山军巡检。辽人常越境而汲，灌亲申画界堠，遏其来，忿而举

何灌题记

北宋政和二年（1112）
阴刻于第149窟南侧崖壁上
高1.70米 ，宽1.26米

兵犯我。灌迎高射之，发辄中，或著崖石皆没镞，敌惊以为神，逡巡敛去……陪辽使射玉津园，一发破的，再发则否。客曰：'太尉不能耶？'曰：'非也，以礼让客耳。'整弓复中之，观者诵叹，帝亲赐酒劳之。迁步军都虞侯。金师南下，悉出禁旅付梁方平守黎阳。"文中记载何灌曾先后在河东、威州、沧州、岷州、河州等地任职，屡立功勋，尤以善射而在与辽、金作战时威慑敌兵，声名远扬，受到辽国萧太师敬慕行礼。何灌不仅骁勇善战，文治方面也颇有建树。他在岷、河二州任职期间，大兴水利事业。

这方题记是何灌知河州时，率领王安等人，在十二月下旬，河冰坚结，过了所谓的冰桥，历览灵岩石窟，可能这时的飞桥已毁于多前年吐蕃乱事中。

关于题记中首行刻文"上受宝圭"，《宋史·徽宗纪》中载曰："政和二年（1112）冬十月乙巳得玉圭于民间……十一月戊寅，日南至，受元圭于大庆殿，赦天下。""三年春正月甲子，诏以天赐元圭，遣官册告永裕、永泰陵。"何灌题记中所说的"受宝圭之元年"，应有误，当时应为政和二年。政和二年，何灌四十七岁。在这一年的十二月二十三日，何灌率领王安等12人，早晨从河州出发至炳灵寺。因河面上早年西秦所架的"飞桥"已毁于北宋与吐蕃之间的兵燹，而河水在12月份的寒冬中已经结冰，所以一行人脚踩"冰桥"过黄河，游览炳灵寺胜景后返回河州。

《宋史·何灌传》中记载："靖康元年正月，金师直叩京师，无一人御敌，灌自滑州驰至，乞入见，不许，而令控守西隅，背城拒战，凡三日，被创，没于阵，年六十二。"何灌为北宋一代名将，被后人誉为堪与南宋岳飞比肩，其神射技艺令敌人闻风丧胆。然而徽宗末年时金兵南下，宰相白时中没有采纳何灌的方略意见，将禁军精锐都调往北边驻守黎阳（今河南浚县），使金兵得以长驱直入逼近汴梁。何灌被迫率残兵民夫奋力抵抗，终于不敌而以身殉国。

一代将才就此陨落，含恨而终。

第151窟壁画

佛传故事

这些生动活泼、充满生活情趣的故事画，布局紧凑，主题鲜明。匠师们巧妙运用绘、塑、动、静、善、恶等多种艺术手段，在方寸之间把佛从出生到涅槃的整个过程展现了出来。

第151窟始凿于唐代，泥塑一佛二弟子二菩萨二天王像（唐代一佛、一天王像已失）。现存主像及壁画为西夏（1038—1227）时期作品。正壁主像两侧绘佛传故事画，以连环画卷的形式呈纵展开，共3列（佛北侧2列，南侧1列），每幅画6厘米见方，共17个画面。故事情节环环相扣，层层递进，依次为菩萨离宫、乘象入胎、树下诞生、阿私陀占相、太子训象、太子比武、出游四门、降魔成道、鹿野苑说法等，其中"降魔成道"以绘塑结合的形式展现出来。

佛传故事主要记录释迦牟尼一生中各阶段的事迹，部分取材于古印度的神话和民间传说，在流传过程中经佛教徒不断加工修饰，附会在释迦牟

第 151 窟

唐—西夏（618—1227）
高1.45米，宽1.80米

第 151 窟菩萨离宫壁画

尼身上。汉代，佛传类汉译本开始出现，有《修行本起经》《太子瑞应本起经》《普曜经》《方广大庄严经》等，这些经典记载的故事情节基本相同，经中的每个故事成了信众们传经论道的谈资，给了匠师们无限的遐想和创作素材。

菩萨离宫

壁画上主像头束高髻，双腿垂地，坐在床榻上，面前一菩萨手持花冠跪拜。释迦牟尼佛在出生前，是兜率天宫的一位菩萨，名叫善慧，他看到

第 151 窟乘象入胎壁画

人间有许多疾苦，决定下世救度众生，观五事（观众生、观时至、观国土、观种族、观因缘父母）后，选择投生在迦毗罗卫国释迦族净饭王处，画面展现正是菩萨离开天宫向天子告别时的情节。

乘象入胎

壁画上一妇人头束发髻，身盖被衾，侧卧于床塌上，右上方有一头白象足踩祥云，面向妇人而来。《过去现在因果经》记载："以四月八日明星出时。降神母胎。于时摩耶夫人。于眠寤之际。见释迦菩萨乘六牙白象腾虚而来。从右胁入。"摩耶夫人醒后，顿感身心愉悦，净饭王得知此事后，请仙人占相，太子必能光显释迦族。

树下诞生

　　画面上有一棵茂盛的大树，树下一妇人左手搭在侍女肩上，右手上伸抓树枝，腋下一小孩立于莲台上，一手指天一手指地，旁边一侍女伸出双

第151窟树下诞生壁画

第151窟阿私陀占相壁画

手作托扶状。摩耶夫人怀胎十月后，在蓝毗尼园游玩赏花，看到一棵高大的无忧树，枝叶茂密，树上鲜花盛开，便举起右手想采摘一朵，释迦菩萨从摩耶夫人右胁降生，说道："天上天下，唯我为尊。"

阿私陀占相

壁画上有一座硬山顶房屋，房内二人对坐，均头戴花冠，项圈、璎珞、臂钏庄严，下着裙，舒相坐，一人怀抱小孩，小孩坐于腿上。《过去现在因果经》：“王及夫人。抱太子出。欲礼仙人。时彼仙人。即止王曰。此是天人三界中尊。”阿私陀仙人得知太子降生时显种种瑞相，于是去净饭王住所，为太子占相，看到太子有三十二种瑞相，预言终能成正觉。

太子训象

画面中二菩萨相对而立，中间横卧一头白色大象，右侧菩萨手托象鼻，左侧菩萨立于象后。《过去现在因果经》：“有一大象。当门而立。举众畏之。故不敢前。提婆达多闻此言已。独前象所。以手搏头。……太子便即以手执象。掷着城外。还以手接。不令伤损。象又还稣。”提婆达多与

第 151 窟太子训象壁画

六万眷属出城门，看到一头大象挡在门口，众人都很害怕，提婆达多上前将大象击倒，众人跨过大象出城。不一会儿，难陀带着眷属出城，看到前面行人走得很慢，路人说大象躺在门口阻碍了人们通行，难陀用脚把大象掷于路边。随后，太子出城时看到众人围观，问明情况，太子将大象举起掷于城外，再以手接住，大象没有一点伤损。

太子比武

壁画上有一棵枝叶茂密的大树，树上悬挂一口大鼓，树左侧有两位头戴花冠的菩萨，一菩萨拉弓射箭，一菩萨在后面观看。太子十岁的时候，

第 151 窟生老病死壁画

释迦族有五百位年龄相仿的童子，个个英俊，身怀绝技，力气超常。太子精通各种技艺，名传十方，大伙议论："太子虽然聪明，善解经书，但是要比力气，可能不如我们，咱们比试看谁强健。"净饭王得知后，寻访国内最好的射手教太子射箭，提婆达多等五百童子一起到后花园观看，射师给了太子一把小弓，太子笑着问："这么小的弓有什么用呢？"射师说："太子射铁鼓。"太子说："这把小弓太弱了，给我七把弓吧！"太子用七弓一箭射穿了七面铁鼓。七天后，各国勇士聚集后园比武，园中有金、银、铜、铁、玉、石所制成的鼓各七面，提婆达多射穿了三面金鼓，难陀也射穿了三面鼓，众人惊叹。请太子射鼓时，太子说："这些弓力量弱，给我找更强的弓。"众臣找来王宫中珍藏的良弓，太子一箭射穿所有的鼓，箭进入池中，泉水飞溅。

生老病死

壁画左上角一妇人坐在铺布上，双手托起一小孩；右上角有一人瘦骨嶙峋，双腿曲起席地而坐；中间一老人头戴帽，身着长衫，手柱拐杖站立；老人前面一人表情痛苦，平躺在地上。据传迦毗罗斾兜城有四门，门外各有一园。太子从东城门出，看到白发偻背、拄杖赢步的老人；从南城门出，

第151窟降魔成道壁画

第 151 窟鹿野苑说法壁画

看到呻吟喘息的病人；从西城门出，看到躺在地上的死人；从北城门出，
看到一位表情很宁静的出家人，太子心生喜悦，于是决定出家。

降魔成道

　　第 151 窟主尊泥塑释迦牟尼佛像，佛螺髻，身着袈裟，左手禅定印，
右手降魔印，结跏趺坐于金刚座上。佛背光绘六挐具护卫，有象王、狮子、
童男兽王、摩羯鱼，佛顶为展翅欲飞的迦楼罗，六挐具相互连接。与挐具
相对的是手持剑、弓、蛇、牛角、巨石、海螺等法器的力士像，左右两列，
共 10 身。魔王波旬得知释迦牟尼修行成佛后，内心恐惧，找来魔军降伏他。
壁画中魔军面目狰狞，手持石、剑、蛇等武器攻击佛，佛神情宁静、安然
不动，画师把魔军大举进攻佛陀的姿态刻画得淋漓尽致。"降魔成道"反

映了释迦牟尼在修行过程中经历的各种艰险，在强暴恶势力的威胁和妓女诱惑下，不为所动，一心修行，终成正果，也折射出佛教思想的发展及从众教中脱颖而出的历程。

鹿野苑说法

画面上有一佛结跏趺坐说法，二弟子坐于两侧，一弟子坐于右下角，佛前面有一只卧鹿。古印度有苦行的传统，鹿野苑是当时出家者集中修行的地方，太子出家时，已有憍陈如等 5 名追随者，6 人在伽耶城苦行林苦修 6 年，太子认识到用苦行的方式来解脱毫无意义，放弃苦修正常饮食，憍陈如等 5 人认为太子意志薄弱不能持戒，遂离开太子来到鹿野苑苦修。太子在尼连河畔一棵毕钵罗树下获得正果，摧灭外道，降伏魔军后，前往鹿野苑寻找憍陈如等 5 人，开启第一次说法。"皆悉在于婆罗奈国鹿野苑中仙人住处又此五人。所止住处。亦在于彼。我今应往至其住处。转大法轮"。壁画中的鹿象征着鹿野苑。

第 151 窟是炳灵寺石窟中保存最完整的佛传故事画，壁画展现的情节与佛经记载一致。这些生动活泼、充满生活情趣的故事画，布局紧凑，主题鲜明。匠师们巧妙运用绘、塑、动、静、善、恶等多种艺术手段，在方寸之间把佛从出生到涅槃的整个过程展现了出来，突出"降魔成道"情节，起到了简易直观的佛理教化效果。

八臂十一面观音造像

密教观音

炳灵寺地处丝绸之路与唐蕃古道交汇地段，汉传佛教与藏传佛教更替繁荣，东西方文化相互辉映，第70窟内的这尊八臂十一面观音，便是来自于藏密的粉本。

第70窟开创于唐代，明代万历二十九年（1601）改制为藏传佛教洞窟。窟内中心靠后位置木胎泥塑一尊八臂十一面观音，十一面由上而下分五层，最上一层为庄严佛面；第二层为三眼獠牙暴笑容；下三层每层有左、中、右三面，合为九面，均呈清丽慈善的菩萨相。观音像身躯丰腴健硕、圆腹细腰，赤脚立于莲台上。六臂于身体两侧展开，手均已毁失，二主臂当胸双手合掌。除最上层佛顶为螺髻外，其余各面均可残见戴有五智佛冠，身戴项圈、臂钏、璎珞。裙子束于脐部，内外共三层，色泽艳丽、珠饰华美。肌肤及珠饰皆涂有金粉，华贵而不失庄重。

八臂十一面观音是密宗所奉六观音之一，其密号为"变异金刚"。唐

八臂十一面观音造像

明（1368—1644）
第70窟
像高2.73米

玄奘译《十一面神咒心经》中描述，信守持诵此咒可与观世音菩萨慈悲愿力相感应，获得"身常无病、为十方诸佛忆念、财物饮食充足、破一切怨敌、使众生生慈心、蛊毒热病不能侵、刀杖不能害、水难不能漂、火难不能焚、不受横死"十种功德，与"临终时见十方无量诸佛、永不堕地狱、不为一切禽兽所害、命终后生无量寿国"四种现世果报。又说这一神咒威力无比，即使有人犯四波罗夷及五逆罪，读诵此咒一遍者，一切根本重罪悉得除灭！因此无论藏传佛教还是汉传佛教，对于十一面观音的供养和称颂一直十分盛行。

历史上将唐朝时由印度传入中土后在中国发展传播的密教称为唐密，经由中国又东传到日本的密教称作东密，印度密教传入西藏等地后融合了藏地文化艺术的密教叫做藏密。在唐

陕西省西安市宝庆寺唐密十一面观音石刻造像（唐）
现藏于日本东京博物馆

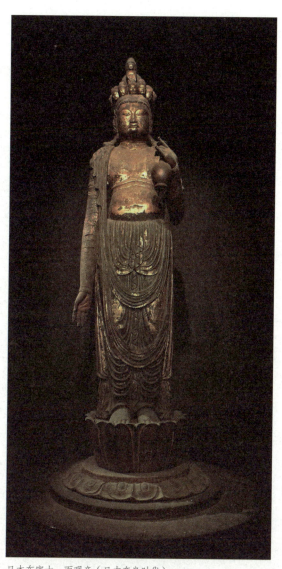

日本东密十一面观音（日本奈良时代）

密、东密及藏密中，十一面观音各面的组合形式略有区别。早期唐密和东密中，常见的十一面观音多为横向的排列像式，即下排的主面与身体呈正常比例，各小面尺寸远远小于主面，且都是菩萨面，如花蕾般排列于主面之上或其两侧，如同菩萨的花冠饰物。而直接接受了印度北部十一面观音像式的藏密，则较为符合经典仪轨，作纵向的竖式排列。但为了使人们可以看到后面的大笑面，通常将其置于第四层，然后最上面置一佛面，此即如炳灵寺第70窟中自下而上为3、3、3、1、1面的纵向塔式排列像式。15世纪以来，藏区已开始流行模式较为固定的八臂十一面观音。炳灵寺地处丝绸之路与唐蕃古道交汇地段，汉传佛教与藏传佛教更替繁荣，东西方文化相互辉映，第70窟内的这尊八臂十一面观音，便是来自于藏密的粉本。

尊胜佛母

华贵典雅的密教佛母

佛教典籍中大幅宣扬说修持尊胜佛母法门，能增长寿命及福慧，消除无始以来一切罪业，免除一切凶灾。尊胜佛母由此在密教中受到广泛尊崇，成为信众们热衷追捧的密教神祇。

尊胜佛母是五佛顶之一，佛顶尊胜陀罗尼之本尊，即释迦如来由佛顶现出的轮王形，为佛顶尊中之最尊，故名尊胜佛顶；能除一切惑业，故名除障佛顶，密号除魔金刚。佛教典籍中大幅宣扬说修持尊胜佛母法门，能增长寿命及福慧，消除无始以来一切罪业，免除一切凶灾。尊胜佛母由此在密教中受到广泛尊崇，成为信众们热衷追捧的密教神祇和石窟、寺院中常见的奉持对象。

炳灵寺所藏的一尊明朝时期的铜鎏金尊胜佛母像，呈三面八臂，三面均戴饰有珠宝的花瓣状头冠，珠宝多已残失。头顶发髻束成两段呈葫芦形，顶部结塔形髻珠，肩部长发下垂。每面均有三眼，眼睛略呈弓形，眼角细

尊胜佛母鎏金铜像

明（1368—1644）
高18厘米，宽12厘米，座高4厘米
现藏于炳灵寺文物保护研究所

长上挑，眼神呈寂静下视状；鼻脊高直，面型丰润。耳戴镶嵌宝珠的花型大耳环，佩戴嵌满珠宝的项链、臂环、手镯、脚镯、璎珞，双脚饰戴连珠纹脚链。袒露上身，下着长裙，结跏趺坐于仰覆莲座上。裙边有华美的卷草纹纹饰，莲座上部边缘有一圈连珠纹装饰。八只手中所执持物多已遗失，仅见右边第一只手中托一桃形佛龛，左边第四只手腹前托宝瓶。整体比例协调，造型准确，华贵典雅，技艺精湛，为一件不可多得的鎏金铜造像，属一级精品文物。

此外，在炳灵寺明代第 3、70、168 窟及上寺第 5 窟的藏传佛教壁画中，也绘有数身尊胜佛母像，均三面八臂，头戴冠，身着天衣，结跏趺坐。手

第 3 窟石塔北侧塔檐下方的尊胜佛母壁画（明）

中持物基本相同，仅有胸前二主臂和左外侧第3只手在造型细节上略有差异。

在第3窟中，窟中央石塔北侧塔檐下自西向东彩绘尊胜佛母、一结跏趺坐佛和一尊略显漫漶的八臂佛母像。三尊像下方为排列有序的千佛和千佛中间的乘象普贤图。尊胜佛母结跏趺坐，坐势端严。二主臂置于胸前，左外侧第三只手平置腹前结禅定印，右外侧第一只手向上平托桃形佛龛，其余各手中法器漫漶难辨。窟内壁画内涵丰富，纷繁庞杂。从尊胜佛母所处的位置和画幅来看，应该是作为其他佛教内容的辅助陪衬，因此在用笔上略显简略潦草，但仍难掩其深厚的绘画功底，尤其对手势造型的表现准确优雅，富于动感。

第168窟南壁尊胜佛母壁画（明）

第 70 窟中在北壁下方一横长方形的方格内，于云座中绘出尊胜佛母、大白伞盖佛母等图像，因严重烟熏病害，颜色已褪为黑色，仅剩轮廓。

第 168 窟初凿于唐代，明代重绘壁画，内容有佛、罗汉、佛母、祖师、护法等。尊胜佛母像绘于南壁唐代天王与菩萨像之间上方，其下方依次绘白伞盖佛母像和不动金刚像。图中的尊胜佛母体色为白色，三面肤色各异，双眉及眼睛呈现出印度波罗艺术特色的弓形，额部竖立一只同样呈弓形的天眼。头戴波罗式的尖顶三叶冠，戴圆形大耳环、项链、单叶臂环和手镯，手持十字金刚杵、佛龛、弓、箭、宝瓶等法器，躯体丰圆健硕，绘画风格明显受到外来艺术的影响。

在上寺第 5 窟中，绘于西壁左上方的尊胜佛母戴三叶冠，正面主面为白色，露出柔和的慈容，左、右二面已褪色难辨。二主臂胸前执十字金刚杵，外侧右三臂手中分别托佛龛、执羽箭、施与愿印；左三臂中最上一手持物不清，下面二手分别持宝弓、托宝瓶。身躯微微右倾，头微侧，结跏趺坐于莲座上，神韵中多了一份女性的娇柔妩媚。

藏传佛教的传承千差万别，修法仪式繁复，主张显密兼修，通常先修显宗，后修密宗，以密为重。在进行造像和绘画创作时，一般严格遵守佛典仪轨的限制，对造像各部分的大小比例和身姿形象有着程式化的规定。造像头面、手臂及体色、持物等也都有着具体的象征性宗教含义。创作素材也更加丰富，各类佛、菩萨或金刚明王等的密宗造型变化万千、神秘诡异，造像艺术有了进一步的发展。

上寺第 5 窟西壁尊胜佛母壁画（明）

炳灵寺石窟米拉日巴形象

藏传佛教噶举派祖师

米拉日巴终身坚守佛教的清规戒律，遁迹山林，潜心苦修，在佛学上获得相当高的成就，成为藏传佛教中最受尊崇的祖师之一。

在炳灵寺第 187 龛和洞沟区第 5 窟、第 7 龛内，或塑或绘有 3 尊披发敞胸、右手置耳边、箕坐于岩座或兽皮垫上的尊者像，为西藏史上最著名的苦修瑜伽士、藏传佛教噶举派第二代祖师米拉日巴大师。

藏传佛教的祖师包括藏传佛教各派的创始人或是对本派教理教义、教法的形成、传播起过重要作用的高僧大德，以及藏传佛教的转世活佛和印度大成就者。他们往往被视为佛、菩萨的化身，与佛、菩萨及各大本尊具有同等的地位。

唐会昌元年（841）朗达玛（838—842 在位）灭佛后，藏传佛教中断一百余年，至宋太平兴国三年（978），藏传佛教再度复兴。炳灵寺石窟

米拉日巴造像

明（1368—1644）

第187龛

龛高约3米，宽约6米，深约4米

这一时期的藏传佛教壁画中就有大量的祖师像。米拉日巴作为以苦修著称的噶举派第二祖师，具有非常鲜明的图像特征。窟龛中以他作为供养对象，显然展现了对大师个人的尊奉，和对噶举派教法的推崇。

第187龛位于下寺禅堂北侧距地面数十米高处的山崖上，为一个不规则形的天然岩洞，凌空而居，面向黄河，周围环境空旷清幽，是理想的静修之地。龛内木胎泥塑一尊箕坐在平铺于岩座兽皮垫上的米拉日巴像。尊者卷发披散于肩部，耳垂狭长，额部横刻数道皱纹，双眼略小，嘴唇微张；身着袒露右肩及整个胸部的长袍，左手横置腹前，右手曲臂置于右耳前，身躯微微右倾，神情姿态专注洒脱，似在深情吟

洞沟第5窟米拉日巴壁画（明）

唱。双手手指多已残甚，右脚毁失。古代艺匠通过对造像额部皱纹、沧桑但坚毅的面容、单薄的衣着与所处石岩坚壁的环境刻画，映衬出大师身居山野饱经风霜，但坚忍不拔一心求道的精神境界。

洞沟位于上、下寺之间向西北延伸的一条山沟内，沿途山路崎岖艰险，腹地石窟区幽静敞亮，是以苦修为特征的噶举派密修行者修道的绝佳场所。洞沟区共有8个窟龛，现存遗迹主要以壁画为主，其中第5窟壁画最为丰富和完整。窟内绘藏传佛教题材的三世佛、八大菩萨、佛母、护法、罗汉、祖师等，窟外东、西两侧壁面上分别绘一幅千手观音图和一幅千臂千钵文殊图。在东侧千手观音右上角的云团中，绘一尊米拉日巴像，左手腹前托钵，右手伸于腮旁作吟歌状，形貌姿态神似于第187窟雕像，身后有背项光，肤色已褪为黑色。

洞沟区唯一仅存的雕像，是第7龛内的一尊米拉日巴像，赤脚箕坐于岩石上，长发披肩，微启口唇仰面歌唱。右手置耳边，双臂残失。

米拉日巴，又译作密勒日巴、米勒日巴等，生活于11世纪后半期至12世纪上半叶之间，是藏传佛教噶举派的创始人、玛尔巴祖师的嫡传弟子，被认为是西藏"实践佛法"的代表人物。米拉日巴生于贡塘（今西藏吉隆以北），原属琼波家族，自其祖父定居贡塘后，称作米拉家族，以经商务农为生，家境殷实。"米拉日巴"一词，意思是米拉家族中穿布衣者。据说他后来从玛尔巴大师处学到"拙火定"密法，冬季只穿一件单薄的布衣就能抵御严寒。这也就是我们在佛教图像中常见米拉日巴大师身着一袭白衣的缘由。

洞沟第 7 龛米拉日巴造像（明）

《米拉日巴尊者传》中记述说，米拉日巴7岁时，父亲去世，将米拉日巴母子三人托付给叔父、姑母照看。但其叔父等反而霸占了他们所有的家产，并长期虐待他们，使他们过着极其艰难困苦的生活。米拉日巴15岁时，不堪受虐的母亲强迫他去向苯教大师学习咒术，以期报仇雪恨。他学成后咒杀伯父及其眷属、亲友30余人，并毁坏全村庄稼。后因忏悔杀人毁稼之"罪孽"而改宗佛教，拜玛尔巴为师，矢志习受密法，注重实际修持，为继承和发扬噶举派教理奉献终生。

大师一生为传教遍游西藏各地，门徒众多。晚年声望很高，施主与追随弟子更多。84岁时被人毒死。他的传教方法非常独特，常以歌唱形式教授门徒。炳灵寺石窟中的米拉日巴像均口唇微张，右手轻掩于腮边，正是其放声道歌，弘传教法的表现形式。大师一生所唱道歌后来由其弟子收藏整理成《米拉日巴道歌集》，广为流传。"道歌"虽然属于佛教内容，但写人叙事多采取比喻手法，文字清新流畅，对话生动隽永，对后世藏族诗歌的发展产生过影响，在文学史上也占有一定地位。米拉日巴终身坚守佛教的清规戒律，遁迹山林，潜心苦修，在佛学上获得相当高的成就，成为藏传佛教中最受尊崇的祖师之一。炳灵寺石窟中米拉日巴像只出现在环境相对偏远清净的洞沟和禅堂两地，正符合大师苦修于山野的修道特征，也说明以其为代表的噶举派教法曾一度在这里传承弘扬。

黄财神鎏金铜像

五姓财神

各大寺院的高僧大德往来朝觐弘法时，也带来了许多藏区的造像、法器、唐卡等，不断丰富着炳灵寺的寺院文物。这尊黄财神鎏金铜像便是在这样的时代背景下被供奉到炳灵寺上寺的。

　　黄财神鎏金铜造像一面二臂，长发披肩。头戴冠，饰耳环、项链、臂环、手镯、脚镯，额部眉心间嵌入一颗宝珠。左手腹前捉一宝鼠，宝鼠口中不断吐出宝珠积于下方座基上；右手托摩尼宝珠。袒露上身，腹部凸起，下着饰满花纹的华丽长裙，以如意坐左脚曲，右脚轻踩海螺宝，赤脚坐于仰覆莲台上。其左手抱口吐宝珠的宝鼠，象征能带来源源不断的财富；左脚踏海螺，寓意能入海探宝。造像整体体态肥硕，通体金黄，显得雍容华贵，威慑逼人。莲座上、下边缘处各饰有一圈连珠纹。

　　此像为鎏金铜像，是黄财神常见的造型，原藏于炳灵寺石窟上寺，后移交炳灵寺文研所保护管理，展览于炳灵寺陈列馆。

黄财神鎏金铜像

明（1368—1644）
高0.16米 ，座高0.5 米，宽0.12米
现藏于炳灵寺文物保护研究所

上寺位于炳灵寺石窟群东北端，距下寺约 2.5 公里。最早的洞窟开创于唐朝，明清之际藏传佛教在这里达到繁盛，现在依然是当地宗教活动中心，每年的农历四月十五藏历佛诞日，都会举行盛大的法会。

金铜造像，是以黄铜或青铜铸造、表面鎏金的佛教造像，大多供奉于宫廷或寺庙中，也有信徒在家中供奉。13 世纪以来，由于元朝统治者的推崇扶植，藏传佛教开始向汉文化区传播。明代中后期时，藏教中格鲁派的政教势力不断发展壮大，并于明末清初之际在炳灵寺确立了统治地位，先后建立了上寺嘉杨隆珠、嘉杨沃色，下寺云迦玛锐等六大活佛转世系统。清朝康乾之际，炳灵寺的寺院规模达到极盛，大寺沟内经堂僧舍林立，番汉僧侣信众往来不绝，大小属寺共有 60 余座，遍及甘肃、青海、内蒙古三省边境。1682 年，炳灵上寺第二世嘉杨隆珠活佛被康熙帝敕封为"灌顶"禅师呼图克图，并先后赐册文、玉印、珍珠伞、佛经、度牒（僧尼免税凭证）、金铜造像等。18 世纪，第四世嘉杨隆珠两次赴京朝拜乾隆皇帝，受封为"呼图克图护国大师"，得到诸多赏赐。此后，炳灵寺在安多藏区的影响力日益隆盛，各大寺院的高僧大德往来朝觐弘法时，也带来了许多藏区的造像、法器、唐卡等，不断丰富着炳灵寺的寺院文物。这尊黄财神鎏金铜像便是在这样的时代背景下被供奉到炳灵寺上寺的。

藏传佛教中信仰的财神种类很多，有黄财神、红财神、绿财神、白财神、黑财神等。其中黄财神是藏教各大教派普遍供养的五姓财神之一，因其身相黄色，故称黄财神。黄财神，藏名藏拉色波，是密教之护法神祇，诸财神之首。据佛经讲黄财神本是已经证得五道十地的大菩萨，昔日释迦牟尼佛在灵鹫山讲说大般若经义时，各方魔鬼神怪前来障碍阻挠，黄财神奋勇现身施以庇护，使得闻法比丘安然无恙。后释迦牟尼嘱咐黄财神皈依佛法，助益一切贫苦众生走佛法之路，遂成为大护法神。

大黑天

密教护法之首

炳灵寺石窟藏传佛教壁画中的大黑天画像很普遍，也体现了大黑天信仰在河湟地区的流行。

　　大黑天，音译为摩诃迦罗、莫诃哥罗、玛哈嘎拉、摩诃葛剌等，藏语称"贡保"。大黑天信仰源自印度教，传说他是印度教三大主神之一湿婆（大自在天）的变化身，被佛教吸收后成为古印度的军神、战神、食神、守护神。唐高宗咸亨二年（671），名僧义净西行求法，他游历印度期间，到达鹿野苑、祇园精舍等佛教圣迹，看到许多寺院里供奉着大黑天神，并在他的《南海寄归内法传》中详细描述了大黑天神的样式及供养方式："西方诸大寺处，咸于食厨柱侧，或在大库门前雕木表形，或二尺三尺为神王状，坐抱金囊却踞小床，一脚垂地。每将油拭，黑色为形，号曰莫诃哥罗，即大黑神也。古代相承云：是大天之部属，性爱三宝，护持五众使无损耗，

二臂大黑天木雕

明（1368—1644）
现藏于炳灵寺文物保护研究所

求者称情。但至食时，厨家每荐香火，所有饮食随列于前。"从义净大师的游记中可以看出，大黑天信仰在印度很普遍，大黑天作为食神、守护神被供奉，他的形象为黑色，怀抱金囊、坐于床上、一脚垂地，每当僧众吃饭时，就用香火、饮食供奉，我国江南一带也作为食厨神来供养。

7世纪，印度密教兴起，大黑天被密宗吸收为护法神。密教向周边国家、地区输出，受汉民族文化的影响，印度密教在汉地没有流行开来，而在西藏地区却广受欢迎。10世纪末，佛教再次在雪域高原兴起，印度、尼泊尔、克什米尔等地的密教高僧接踵而至西藏弘法，藏传佛教蓬勃发展，在藏地的护法神殿里，大黑天作为首位护法神供奉，备受藏族民众及各大教派的崇拜，萨迦派尤崇之。

13世纪，元中央集权建立，西藏首次纳入中国版图，成为元廷管辖的一个行政区域。元政府为了加强对西藏的管理，实行"政教合一"的治藏政策。至元七年（1270）忽必烈封八思巴为帝师，赐以玉印，并在大都设立宣政院，统领全国佛教事务和西藏地方的政教事务，蒙元王室基本信奉萨迦派教法。阿尼哥（尼泊尔雕塑、铸造匠师），胆巴西番突甘斯旦麻人（今青海省玉树藏族自治州称多县），随八思巴被请入朝廷制作佛像，他们在北京主持建立寺院、佛塔，藏传佛教风行一时，流布全国，如山西五台山、杭州飞来峰、云南剑川石窟等出现了具有藏传佛教题材造像，大黑天神首次进入元大都（今北京）。

忽必烈攻打南宋时想依靠佛法的气力统一天下，八思巴将一尊摩诃葛

第 4 窟四臂大黑天壁画

第 4 窟六臂大黑天壁画

刺奉献给忽必烈，并介绍这尊护法神的无比神威——供奉此神能够攻无不克、战无不胜。战争取得胜利后，忽必烈认为是大黑天帮助他们统一政权，大黑天得到了忽必烈的崇信，成为蒙古军队的保护神。蒙军征战时常把大黑天带在军中，作战前必先祈求于他。蒙古军队在攻打一座宋城时，城中将士突然看到天兵天将布满天空，宋城不战而降，说是大黑天所显的威灵。历代帝王都把大黑天作为保护神供奉，视大黑天为护国神。大黑天信仰很流行，炳灵寺石窟有许多藏传佛教壁画中的大黑天像，分布在佛左右或窟门两侧，起护持佛国的作用，样式有两臂、四臂和六臂大黑天，手持各种器物。

第4窟主佛两侧绘制四臂和六臂大黑天。四臂大黑天，一面三目四臂，头戴骷髅五叶冠，黑发上竖，怒目圆睁，作呐喊状，右手持剑，左手持三叉戟，主右手执金刚杵，左手执颅碗。腰束虎皮裙，飘带穿臂飞扬，跨步侧卧人身上。六臂大黑天，一面三目六臂，第一右手持骷髅念珠，第一左手持三叉戟，主右手执金刚月刀，主左手执颅碗，身披象皮，腰束虎皮裙，跨步立于一仰面人身上。

大黑天是神格化的神灵，手中持物都有代表性，头顶的骷髅冠代表劫浊、见浊、烦恼浊、众生浊、命浊五浊；左手中所托盛血颅碗象征征服邪恶；右手执金刚钺刀代表伏恶除障；横托于双臂的木杖代表砍去"我执"；三只眼睛象征过去、现在、未来；脚下所踩之人代表内心的三毒四魔。炳灵寺石窟藏传佛教壁画中的大黑天画像很普遍，也体现了大黑天信仰在河湟地区的流行。

大明碑

碑记中的炳灵寺

碑文以流畅优美的文字记述了炳灵寺石窟的发现传说、周边地理生态环境变化、考察维修情况、佛寺建制规模、石窟名称沿革、壁画内容以及本寺乃至其他相邻地区的宗教历史、发展兴衰状况等。

镌立于明朝正德十二年（1517）的《重修古刹灵岩寺碑记》，俗称《大明碑》，是炳灵寺石窟中保存较为完好的一块红砂岩古代石碑。碑正面镌刻《重修古刹灵岩寺碑记》，由碑首、碑文两部分组成。碑首雕刻有双龙腾云图案，正中上部刻碑额，其间顶部有一太极图，下部竖刻"大明"二字。碑文从右到左竖刻，共 22 行，约 800 余字，记为：

一气未分，混茫鸿荒。两仪既辟，阴阳肇生。阳积成形为天，日月星辰悬象；阴□成质为地，山川土石流□。灵岩形址，已沧匿有焉。至尧，洪水滔天，氾滥中国。舜承天命，举禹任治水之劳，厥功懋哉！繇是名山巍嵲，奇洞雕碛，蟠据中华。草木稠蕤，鸟兽巢窠，人所不迹，孰有古刹

大明碑

明（1368—1644）

碑高1.65米，宽0.82米，厚0.24米，碑座已残失

现藏于炳灵寺第146窟

所存。然上古气数相盛，人心淳泑，未闻老佛之名，至周武伯阳为柱下史，著《道德》，始有道之名。汉明帝身感梦入国，迎贝叶，初有释之号。迄梁、唐、晋、宋、元，其教大兴，迨今千百余年，未尝一日泯也。上受宝圭，莫究何代年号。洮西守将何灌，率王安数众，晨发郡城，绝冰河，尽灵岩胜概乃还。朔知河湟郡城北去六十里许，有古梵刹灵岩，谚呼冰灵寺，莫知所自。略闻猎者涉黄河，值白鹿追底深涧，幽谷峻山，至此则知悬洞层窟，神像森然。观其形，窝龙彭山崚环其北，河源涛渺绕其南，嵋坦屿平负其西，嵾岜峰奇面其东。枫枞桧檀，蔚然长青；芝草芬芳，灼然荣悴。荆芷菖蕨，苡苑芍药，靡不生焉；鹘雕莺鹄，麐麝猊香，因而有焉。青岩翠峦，高耸于云霄；壁影霞光，辉映于日月。崖壁空处有上、中、下之八洞，神像天成，有坐佛金身一尊。睡佛顶水帘，珍珠瀑布；弥陀龛仙径，崎岖嶮峻；观音岩圣水，露滴流璎；救度洞烜赫，神妙响应。祈嗣祷雨，祛灾徼禧，无不遂祝。若五气熏蒸，百卉庄严，八宝丛丽，山威自然，非公输妙用之巧，岂能然哉？若斯境也，将一睹焉，怵然警悟，罔弗绝虑忘思，离尘去诟，清净身心，咏诵真诠，皈善之心，诚不异寓西竺佛土之国，修心养性之围耶！时逢佳节，瑞日印窟。乌思外域，所以八极九垓，国度城邑，云游黄缁俗士，咸瞻仰敬，不啻万载犹一日也。唐初命御史大夫清河崔公，德武礼文，英果谋度，普天率王岁诣丹墀。至开元中检校功德僧无碍、洎都检校权知河州安乡县令上柱国袁耀启、膳部郎中魏季随记石。恭惟我朝大明成化乙酉，守节都阃蒋公玉游窟，像露宇倾，发心修造，更名水帘为圆觉洞，落成。乡进士扬训成化壬辰游洞，静澄创构殿宇，未竟，续获都纲三竹坚粲弘治庚戌修建救度佛洞，接盖窟殿，蔽护大佛。告成，乡进士李绣志石。迨正德甲戌，戒坛僧佛画蜀川浮图。□山丹□□创□□□等殿宇□□□□□盖僧舍禅室，同助罗汉图哈巴、僧惠宝、僧正惠济督余记序始末，泐石镌碑竖立于桥头堡，以传天地二极之悠久。时正德十二年丁丑三月八日贡士司山东□□□□□王世敬撰。同郡主薄徐恒书。

碑文以流畅优美的文字记述了炳灵寺石窟的发现传说、周边地理生态环境变化、考察维修情况、佛寺建制规模、石窟名称沿革、壁画内容以及本寺乃至其他相邻地区的宗教历史、发展兴衰状况等，为研究炳灵寺石窟的发展历史，尤其是明代对第171龛大佛及大佛阁、水帘洞等的整饬维修情况提供了珍贵的历史资料。由碑文看出，炳灵寺在明成化乙酉年（1465）、弘治庚戌年（1490）、正德年间（1506—1521），在地方官员和僧官的运作下，曾先后多次进行重建修整，先后建成了规模壮观的圆觉洞、救度洞、大佛阁及其他僧舍禅室等，使得炳灵寺石窟呈现出"时逢佳节，瑞日印窟。乌思外域，所以八极九垓，国度城邑，云游黄缁俗士，咸瞻仰敬，不啻万载犹一日也"的繁盛景象。

由碑文内容得知，这一时期在炳灵寺及其周边活动的不仅有内地及藏区远近内外的僧俗，还可见"乌思域外"——即西藏以外的来访者。这一盛况可从其他寺院的记载中得到印证。如据永靖县罗家洞寺寺志记载，约在明景泰(1450—1456)初年时，印度大成就师那若巴的弟子——尼泊尔潘

罗家洞寺

唐地区的瑜伽师潘唐瓦奉师命不远万里来到炳灵寺，驻锡于此密修月余。后因未出现任何灵异征兆而又返归故里，再次请示上师后二次辗转来到上师所指黄河西流之处的成就殊胜之地——离炳灵寺约 60 公里处黄河岸边赤霞岩上的一个山洞内，与当地瑜伽女罗金环一起密修胜乐金刚法获得双运成就。数年后，当地人在潘唐瓦成就之处建寺纪念，寺名为"罗家洞"。罗家洞寺后来成为炳灵寺周边属寺之一，由炳灵寺派遣赤哇（寺主领导下主持教务的最高代表）进行管理。时至今日，其地仍是当地久负盛名的藏传佛教圣地，常有尼泊尔、印度和我国西藏等地的佛教徒前来朝拜。

由此说明，至明朝正德年间时，随着元明以来国家的安定统一和统治者的扶植优遇，炳灵寺已逐渐成为藏传佛教与印度、尼泊尔等地秘法向东推进，以及内地佛教向西回流过程中一个重要的集散之地，各种宗教文化在此都得到了充分的交融与发展。

石碑背面也由碑首、碑文两部分组成。碑石文字自左至右竖刻，共31 行，原应有 1082 字，小部分文字已磨损难辨，交代了炳灵寺四至界限、修寺助缘的军政官员、各寺僧官、僧众、商客、各项匠役、功德主，及修寺僧人等的姓名等。其中的"古梵刹灵岩寺（炳灵寺石窟唐至明时曾叫灵岩寺）四至东至烟墩山，南至黄河，西至他剌坪，北至城堡大路为界，四至分明记"，明确记载了炳灵寺石窟的四至界限，至今对石窟的保护范围有着参考意义。此外，碑文中记载的修寺助缘军政官员和僧官，对当时河州地区的僧、俗职官管理情况具有一定的研究价值。

《炳灵寺弥勒圣地图》

十万佛洲的生动再现

小积石山层峦叠嶂，河面上波涛起伏，满载米粮的羊皮筏子往来不绝，筏子上奋力执桨搏击的水手均着清代服饰，蓄长辫，系腰带，头戴草帽或斗笠，真实反映了人们在水上运作的生活场景；河岸边佛堂宏伟壮观，僧舍绵延，生动再现了当时繁盛的寺院景象。

这是 20 世纪初，一位名叫金山的道人画家临摹旧藏清代画作而成的布画，画面上端的藏文题记汉译为：炳灵寺弥勒圣地图。画幅由两块缝在一起的白布横幅组成。上部图案为炳灵寺石窟全景，左上方汉文竖式题字五行，为："岁次庚午年 / 自我云游以来立于 / 西边季秋月内玄门二人卫 / 余此是贫道金山姓沠写意"。下部为藏文题记，画作以略带写意的笔触描绘了炳灵寺在清同治年间因战乱损毁之前的寺院规模。当时的主要建筑图中均有反映，左端由西方境起，向右依次为禅堂、土塔、下寺薛法台住地、水帘洞、云法台住地、老君洞、大寺沟口，沟内有都纲大经堂，弥勒大佛阁及其对面的新寺台，直至黄河南岸的灯山寺。

《炳灵寺弥勒圣地图》

民国（1912—1949）

长1.86米，宽2.56米

现藏于炳灵寺文物保护研究所

图中最左侧的西方境，从顶到底层共有七座殿堂廊庭。这些建筑是在明成化年间修建的文殊殿、观音殿、韦陀殿等。西方境以下地带为禅堂，溯源于唐代禅宗在此兴起时修建禅院，供禅僧修道之殿堂，当时还建有法堂、斋堂等。禅堂与西方境接壤处有一座建于元代的土塔，刘家峡水库蓄水前于1967年由当时的管理机构——炳灵寺文管所作了考古清理。禅堂和西方境上方有一条小道，现通于青海民和境内，是丝绸之路南段在这一带的必经之路。从河岸的蜿蜒小路向上，是炳灵寺下寺薛法台住地，俗称薛家昂欠。薛家昂欠东北向一条小道直通水帘洞，为一座两层建筑。向北隔一小沟为云法台住地，周围另建有较为集中的伽蓝僧舍等。薛、云法台昂欠和僧舍下边各有方形塔幢一座。从下寺穿过两座小桥，可攀登至老君洞。老君洞下方即大寺沟口，古人称为唐述谷。大寺沟口河南岸为灯山寺。大寺沟内可看到1967年经考古防护后没于刘家峡水库水底的原1号窟、明代所建的都纲大经堂、睡佛沟及丹峭绝壁上鳞次栉比分布的窟龛栈道、大佛阁等。大佛对岸的台地，原名为新寺台，清康乾年间曾于此建有宗喀巴殿。与之紧邻的是瓦房沟、拜佛台的塔形建筑。图中东北小道以通向上寺而告终。

　　布画下部的藏文题记汉译为：

　　"南无金刚手上师。

　　圣地天界清静宫，量等虚空众僧海，

　　于此共赞僧海中，无比至尊我顶礼。

在彼最极清净城，有如群星绕日月，

相好庄严难表述，金刚大持我顶礼。

上师本尊与空行，护法以及守护神，

敬祈助我瑜伽行，能如意愿得成就。

佑助无量诸众生，无上菩提能速证。

巍巍圣山接虚空，高松官殿第一部，

中有佛祖薄伽梵，熠熠佛身融金色，

坐于日月莲座上，千佛随侍为眷属，

十万菩提绕四周，敬请佛祖赐加持。

于此官殿第二部，中有一千本尊像。

于此官殿第三部，空行神像如云集。

于此官殿第四部，护法众尊及眷属。

于此官殿第五部，双喜龙王供其间。

祈赐瑜伽主悉地。

于此圣地之右方，供有过去世诸佛，

冥冥作利众生事。于此圣地之后方，

宛如玉龙当空舞，供有三百大圣者，

一见即能利众生。

上方多门三宝塔，中有十六上座尊。

于此圣地之后方，形似青莲一洞窟，

中有千数观世音。救度地狱众生苦。

于此宫殿之右方，中有胜者无量光，

能息饿鬼饥渴苦。

于此宫殿之左方，能仁释迦及眷属，

能息众生一切苦。

……

所谓弥勒炳灵寺，圣地等同金刚座，

敬造佛像立佛幢，年年月月来修行，

千劫罪障祈消除，常供香火与净水，

殷勤礼拜并转经，以上所做圣功德，

等同一劫之善根……"

炳灵寺自元明以来改宗藏传佛教，至清代康乾时期，受朝廷支持，寺院经济蓬勃发展，殿堂、僧舍规模更加扩张，河州衙门每年都要给炳灵寺僧官支杂粮，并确立了嘉杨隆珠、嘉杨沃色、云嘉玛锐等六大活佛转世系统，其规模和影响力空前高涨，据称鼎盛时期有近千名喇嘛驻锡活动于此。

自清朝晚期开始，石窟所在的河州地区各种矛盾叠起，局势动荡不安。据记载，同治七年、十三年及民国十七年三次较大的社会动乱中，炳灵寺石窟受到严重创伤，许多大型的早期洞窟及精美雕塑艺术品毁于兵燹，贯通于崖壁各层洞窟间的木构栈道、唐代大佛阁，及密布于大寺沟内外的佛学院、殿宇经堂等寺院建筑均被付之一炬。此后，僧人纷纷逃离寺院，佛

《炳灵寺弥勒圣地图》布画局部

事活动被迫终止，寺院荒废。这个曾经"常闻钟声，训以禅道"、让过往的中西名僧驻足的著名佛寺，逐渐在人们的记忆中消失了。直至新中国成立，它才受到应有的保护和重视。

在《炳灵寺弥勒圣地图》中，我们看到小积石山层峦叠嶂，河面上波涛起伏，满载米粮的羊皮筏子往来不绝，筏子上奋力执桨搏击的水手均着清代服饰，蓄长辫，系腰带，头戴草帽或斗笠，真实反映了人们在水上运作的生活场景；河岸边佛堂宏伟壮观，僧舍绵延，生动再现了当时繁盛的寺院景象。图中的建筑群，基本上都能与炳灵寺现存或考古发现的建筑遗迹相印证，为研究和考证当时繁盛时期的佛教历史提供了弥足珍贵的史料依据。